COURS

DE

COMPTABILITÉ

OUVRAGES DU MÊME AUTEUR

Traité théorique et pratique des Opérations de banque. — Quatrième édition. Un volume in-8°.

Traité théorique et pratique des Entreprises industrielles ou Manuel des affaires. — Seconde édition. 1 volume in-8°.

Traité théorique et pratique d'Économie politique. — Seconde édition. Deux volumes in-8°.

Études sur la Science sociale. — Un volume in-8°.

Leçons élémentaires d'Économie politique. — Un volume in-18 jésus.

Traité sommaire d'Économie politique. — Un volume in-18 jésus.

La Banque libre. — Un volume in-8°.

Imprimerie générale de Ch. Lahure, rue de Fleurus, 9, à Paris.

COURS

DE

COMPTABILITÉ

PAR

J. G. COURCELLE-SENEUIL

OUVRAGE RÉDIGÉ CONFORMÉMENT

aux programmes officiels de 1866

POUR L'ENSEIGNEMENT SECONDAIRE SPÉCIAL

(TROISIÈME ANNÉE)

PARIS

LIBRAIRIE DE L. HACHETTE ET Cie

BOULEVARD SAINT-GERMAIN, N° 77

1867

EXTRAIT DES PROGRAMMES OFFICIELS

DE

L'ENSEIGNEMENT SECONDAIRE SPÉCIAL.

COMPTABILITÉ.

TROISIÈME ANNÉE.

TENUE DES LIVRES PROPREMENT DITE.

Comptabilité. — Maintenant que les élèves connaissent le vocabulaire, qu'ils savent distinguer les valeurs, établir les livres auxiliaires, rédiger les écritures qui servent à constater les opérations, le professeur peut commencer le cours de tenue des livres sans crainte d'être arrêté par des difficultés incidentes.

Par tenue des livres proprement dite, il faut entendre la tenue du journal, du livre des inventaires et du grand-livre. — Comptabilité et tenue des livres. — Ne pas confondre ces deux expressions, — les bien définir. — Le journal régulièrement tenu fait foi en justice (article 12 du Code de commerce). — Explication des mots *parafé*, *par ordre de date*, *sans blanc*.

Méthode de tenue des livres en partie double. — Elle est ainsi appelée parce qu'elle consiste à porter chaque somme deux fois au grand livre, au débit d'un compte et au crédit d'un autre. — La partie simple et la partie mixte sont des systèmes insuffisants et incomplets qui ne présentent aucun moyen de contrôle.

Principes de tenue des livres. — Trois catégories de comptes : comptes du commerçant lui-même, comptes des divers objets de commerce personnifiés, comptes des correspondants. — Division des comptes dans chaque catégorie. — Parler des comptes au point de vue de la maison de commerce, jamais au point de vue du commerçant. — Les comptes débiteurs expriment un actif et les comptes créditeurs un passif. — Le débit et le crédit d'une maison de commerce s'équilibrent toujours. — Les commerçants qui exploitent une maison de commerce profitent de tous les bénéfices, à la condition qu'ils supportent toutes les pertes, tous les frais et toutes les dépenses ;— ils ont des comptes dans leur maison comme les correspondants avec lesquels ils ont des affaires : le compte de *capital*, qui exprime un *actif* pour le commerçant, n'est donc autre chose qu'*un passif* pour la maison de commerce. — Si l'on étudie un bilan, celui que publie la Banque de France, par exemple, on trouvera à l'actif les frais, les pertes et les dépenses, parce qu'ils sont dûs *à* cet établissement *par* les actionnaires ; et au passif, les bénéfices et le capital, parce qu'ils sont dûs *aux* actionnaires *par* cet établissement. — Tout compte est *débiteur* qui *reçoit* des marchandises, des espèces, des effets de commerce, des valeurs commerçables, des virements, etc., qui *supporte* des pertes, des frais, des dépenses, des intérêts, des ports de lettres, des diminutions, des escomptes, des agios, etc. — Tout compte est *créditeur* qui *donne* ou *fournit* des marchandises, des espèces, des effets de commerce, des valeurs commerçables, des virements, etc., qui *profite* de bénéfices d'intérêts, de ports de lettres, de diminutions d'escomptes, d'agios, etc.

Définition du *journal*. — Manière d'analyser les articles de la main courante pour les transformer en articles de journal. — Pour reconnaître les titres de chaque article, il suffit de poser ces deux questions *invariablement* dans le même ordre : 1° quel est le compte qui *reçoit* ou *supporte*? 2° quel est le compte qui *donne*, *fournit* ou *profite?* La réponse à la première question indique le compte débiteur et à la deuxième, le compte créditeur. Si l'article est complexe, après avoir analysé une à une toutes les opérations partielles, on supprimera les comptes qui seront à la fois débiteurs et créditeurs de mêmes sommes dans les mêmes conditions ; on divisera les opérations en plusieurs articles plutôt que de faire des articles de *divers* à *divers*, dont la rédaction produit toujours une certaine confusion. — Disposition des titres de comptes. — Perfectionnements apportés dans la rédaction des articles. — Innovations inutiles ou dangereuses : double colonne extérieure, *journal-grand-livre-balance*, etc.

Définition du *grand-livre*. — Ordre dans lequel les comptes sont ouverts. — Répertoire du grand livre. — Destination du *doit* et de l'*avoir* de chaque compte : à l'*avoir* de capital, les apports du commerçant et ce qui augmente ses apports ; au *doit*, ce qui diminue ses apports ; au *doit* de profits et pertes, les pertes, intérêts, escomptes, diminutions, agios, etc., que le commerçant supporte ; à l'*avoir*, les bénéfices, intérêts, escomptes, diminutions, agios, etc., dont il profite ; au *doit* de frais généraux, tous les frais que le commerce entraîne et qui se renouvellent périodiquement chaque année, tels que loyers, contributions, patente, chauffage éclairage, appointements et nourriture des employés, frais de bureau, etc., à l'*avoir*, rien, à moins que le commerçant ne rentre dans quelques-uns des frais qu'il a déboursés ;... au *doit* de marchandises, les achats, ce qui augmente les achats et ce qui diminue les ventes; à l'*avoir*, les ventes, ce qui augmente les ventes et ce qui diminue les achats ; au *doit* de caisse, les encaissements; à l'*avoir*, les payements; au *doit* d'effets à recevoir, les effets actifs à mesure qu'ils entrent dans le portefeuille ; à l'*avoir*, les mêmes effets, lorsqu'ils en sortent; à l'*avoir* d'effets à payer, les billets que le commerçant souscrit et les traites qu'il accepte à mesure qu'il les met en circulation; au *doit*, les mêmes effets lorsqu'ils rentrent, soit qu'on les acquitte ou qu'on les reçoive en compte....

Transport des articles du journal aux comptes du grand livre.

Définition du *livre des inventaires*.

Balances de vérification, — ce qu'elles prouvent. — Manière de s'y prendre pour les trouver justes.

Inventaire du comptable. — Articles qui se passent au journal en vue de l'inventaire : modifications des comptes des correspondants par suite du règlement des comptes courants portant intérêts; loyers échus et non payés, à porter en dépense au compte de *loyers à payer*, dépréciation du mobilier et de l'agencement; amortissement des frais de premier établissement et autres; modifications des frais généraux portés en dépense, suivant l'appréciation des provisions en magasin ou des frais qui ne sont pas échus; petites ventes au comptant dont les factures n'ont pas été acquittées par les acheteurs à passer à un compte spécial de *factures à recevoir;* notes de fournisseurs qui n'ont pas été payées par la maison de commerce, à faire figurer à un compte spécial de *factures à payer;* douzièmes échus des contributions ou de la patente à porter en dépense au crédit de *contributions à payer*, etc. — Calcul du bénéfice brut d'après l'évaluation des marchandises en magasin. — Solde des comptes de profits et pertes, des frais et des dépenses. — Calcul du bénéfice net ou de la perte définitive. — Balance d'inventaire. — Bilan. — Inventaire sous seing privé, prescrit par la loi (art. 9 du Code de commerce).

Manière d'arrêter au grand-livre les comptes soldés ;— manière de balancer et de rouvrir à nouveau les comptes qui ne se soldent pas au moyen de la balance définitive que l'on inscrit au livre des inventaires en deux articles intitulés: *Comptes nouveaux à comptes anciens et Comptes anciens à comptes nouveaux*, sans employer les vieux comptes de *Balance de sortie* et de *Balance d'entrée*, qui n'ont jamais eu aucune raison d'être et qui sont inusités depuis longtemps.

Problèmes de tenue des livres. — On supposera un commerçant qui s'établit avec une mise de fonds, loue un magasin, dépense quelque argent en frais de publicité et d'installation, en achat de mobilier et d'agencement, fait des opérations suivies, dresse des balances de vérification à la fin de chaque mois, fait son inventaire tous les ans, tous les six mois ou tous les trimestres, et l'on supposera, dans l'ordre naturel des affaires et des difficultés, des données concernant, par exemple : l'apport du capital en espèces, en marchandises ou en valeurs, provenant de fortune privée, de libéralités ou d'avancement d'hoirie; un loyer payé d'avance ; — des achats de mobilier et d'agencement à crédit ou contre espèces; — des frais de premier établissement; — des achats ou ventes de marchandises à crédit, contre espèces, contre billets ou acceptations, contre remises, etc., etc. — Articles à passer au journal en vue de l'inventaire ; — articles d'inventaire ; — articles de fermeture et de réouverture des comptes.

Liquidation sur les livres de la maison de commerce ;—liquidation sur les livres d'une autre maison, d'un successeur ou d'un liquidateur quelconque. — Vente de l'achalandage; — cession du droit au bail ; — solde du compte de frais de premier établissement ou du compte de fonds de commerce ; — cession de dettes actives, etc., etc. ; — solde du compte de liquidation.

On pourra, sur des données analogues, proposer aux élèves des comptabilités de manufacturiers, d'agriculteurs, d'industriels ou de commerçants, appropriées aux besoins de la place ou de la localité.

Tout élève qui possédera les connaissances pratiques qui font l'objet du cours de comptabilité des trois premières années se trouvera en état de faire un excellent teneur de livres ; et si quelque circonstance le forçait à interrompre ou à cesser ses études, il aurait en main le moyen de se rendre utile dans les affaires et d'y gagner honorablement sa vie.

COMPTABILITÉ.

(TROISIÈME ANNÉE.)

TROISIÈME PARTIE.

TENUE DES LIVRES.

Après avoir exposé le sens des mots spéciaux employés par le commerce, défini ses principales opérations et l'emploi de ses principaux fonctionnaires, montré l'usage et la forme des livres auxiliaires, les méthodes de calcul les plus usitées dans l'établissement des comptes, nous pouvons aborder la tenue des livres proprement dite.

Rappelons une distinction souvent oubliée et dont il importe de se souvenir entre la comptabilité et la tenue des livres. La comptabilité est l'art de tenir et de combiner les comptes de telle ou telle entreprise industrielle, de manière à en tirer le plus commodément possible l'enseignement que l'on y cherche : la tenue des livres est simplement la méthode adoptée pour la rédaction des comptes sur les livres principaux exigés par le Code de commerce et notamment sur le journal. La comptabilité comprend donc la tenue des livres, laquelle est une partie de la comptabilité.

Nous avons cité dans la seconde partie de ce cours les dispositions du Code de commerce qui prescrivent la tenue d'un journal et d'un livre d'inventaires. Aux termes de l'article 10 du même code, le journal et le livre d'inventaires doivent être parafés à chaque page et visés une fois l'an par l'autorité judiciaire. Mais cette disposition de la loi, difficile à exécuter à cause du développement pris par les affaires, est presque entièrement tombée en désuétude.

Une autre disposition du même article est mieux observée : c'est celle qui prescrit que le journal soit tenu par ordre de dates, sans blancs, lacunes, ni transports en marge, afin d'empêcher les intercalations possibles et de donner au journal la plus grande authenticité.

Aux termes de l'article 12 du Code de commerce, les livres régulièrement tenus peuvent être admis par le juge pour faire preuve entre commerçants pour faits de commerce. Dans la pratique, le témoignage des livres est fréquemment invoqué : mais il ne faut pas prendre à la lettre cette expression très-usitée, que ces livres « font foi en justice, » c'est-à-dire font preuve jusqu'à preuve contraire. En réalité les livres de commerce sont un des témoignages que les tribunaux de commerce invoquent souvent, et c'est un de ceux auxquels ils accordent avec raison le plus d'importance, mais ces livres ne valent que comme élément de preuve dans les contestations.

Quelque importance qu'aient en justice les livres de commerce, ce n'est pas en vue des contestations et de la justice qu'il importe le plus d'avoir des comptes régulièrement tenus ; c'est plutôt dans l'intérêt immédiat de la prompte expédition et de la clarté des opérations courantes. Quiconque veut voir clair dans ses propres affaires et savoir exactement ce qu'il fait doit avoir des livres régulièrement tenus. Manquer de livres ou n'avoir que des livres informes, c'est faire preuve d'ignorance et d'incapacité commerciale ; cacher ses livres ou les altérer, c'est donner contre soi-même une présomption de mauvaise foi.

DES TROIS PARTIES.

On dit vulgairement que les livres d'une maison de commerce sont tenus en *partie simple*, en *partie double* ou en *partie mixte*. Dans ces locutions, le mot *partie* a conservé son acception ancienne d'*article de compte*. Tenir des livres en partie simple, c'est les tenir d'après une méthode qui n'inscrit chaque article qu'une seule fois. Dans la partie double, chaque article est inscrit deux fois, et dans la partie mixte, il y a des articles inscrits une fois et des articles inscrits deux fois.

La tenue des livres en partie double est la seule qui donne des résultats complets et satisfaisants. Les autres méthodes ne donnent que des recueils de notes plus ou moins instructifs, mais toujours incomplets et insuffisants. Aussi insisterons-nous peu sur ces méthodes et nous appliquerons-nous surtout à exposer le plus clairement possible celle de la tenue des livres en partie double.

Journal et Grand-Livre.

Décrivons d'abord les livres principaux de toute maison dont les comptes sont régulièrement tenus. Ce sont le *journal* et le *grand-livre*.

Le journal est, comme son nom l'indique, un livre où toutes les opérations de la maison de commerce sont inscrites jour par jour à mesure qu'elles se font. Il a la même réglure que la main-courante, une ou deux colonnes de référence à gauche, puis un espace blanc, une colonne de caisse au crayon et une ou deux colonnes de caisse marquées à l'encre. La date est inscrite dans l'espace blanc au milieu de la page en tête de chaque article.

L'inscription de tous les articles jour par jour, à mesure

que les opérations s'accomplissent, permet de ne rien omettre ; mais tous les articles se trouvent confondus pêle-mêle et sans autre ordre que celui des dates, de manière à rendre les recherches les plus indispensables longues, difficiles et incertaines. On a remédié à cet inconvénient par une copie méthodique du journal, qui s'appelle *grand-livre*, où tous les articles inscrits au journal sont relevés sous divers chefs, selon les comptes auxquels ils se rapportent. Ainsi, lorsque la maison aura fait des affaires successivement avec Pierre, Jacques et Jean, tous les articles, quelle que soit leur date, qui intéressent Pierre seront portés au grand-livre à un même compte intitulé *Pierre*. De même tous ceux qui intéressent Jacques seront portés à un même compte intitulé *Jacques*, et ceux qui intéressent Jean à un compte intitulé *Jean*.

Tous les articles inscrits au journal par ordre de dates sont relevés au grand-livre en forme de comptes.

Le journal est tenu par pages. Le grand-livre est presque toujours folioté, mais quelquefois paginé. En ce dernier cas, la page est divisée en deux parties égales par une raie verticale à l'encre.

Chaque page, lorsque le grand-livre est folioté, et chaque demi-page, lorsqu'il est paginé, contient une colonne de dates à gauche et une colonne de caisse à droite, précédée habituellement d'une petite colonne destinée à recevoir le numéro de la page du journal dont l'article est tiré. Les articles sont inscrits à chaque compte du grand-livre par ordre chronologique : ceux qui constituent le compte débiteur à la page ou demi-page de gauche et ceux qui constituent le compte créancier à la page ou demi-page de droite. — Avec cette disposition, deux additions et une soustraction suffisent pour montrer si le compte est en définitive débiteur ou créancier.

La table des matières du grand-livre se nomme *répertoire*. C'est un livret assez grand, mais ordinairement de peu d'épaisseur, dans lequel une ou plusieurs pages sont réservées à chaque lettre de l'alphabet, écrite sur un onglet qui la fait ressortir. Tous les comptes qui commencent par la même lettre de l'alphabet sont inscrits à la page désignée par cette lettre avec indication, en regard du nom de chaque compte, de la page du grand-livre où ce compte se trouve.

Nous donnons à la fin de ce volume des formules de journal et de grand-livre que le lecteur pourra consulter utilement.

Grâce à cet ensemble de moyens, les recherches sont faciles. Lorsqu'on veut trouver un compte, on cherche au répertoire qui indique la page du grand-livre où le compte est inscrit. Au grand-livre, on trouve l'état du compte et, s'il y a des difficultés sur les détails, on consulte le journal, dont la page qui contient l'article se trouve indiquée au grand-livre.

Comme le grand-livre n'est, en définitive, qu'une copie du journal, il faut, lorsqu'on rédige les articles de celui-ci, savoir comment on entend disposer ou comment est disposé le grand-livre.

Partie simple.

Dans les livres tenus en partie simple, il n'y a de comptes ouverts au grand-livre que pour les individus que les opérations de la maison constituent créanciers ou débiteurs.

Les articles inscrits au journal sont précédés du mot *doit*, lorsqu'ils constituent le compte débiteur, et du mot *avoir*, lorsqu'ils constituent le compte créancier.

Essayons de rédiger quelques articles d'un journal tenu en partie simple.

La maison A, dont nous tenons les livres, a vendu le 11 février, à B, pour 1000 fr. de marchandises, payables à six mois. — Le 12 février, elle a acheté pour 6000 fr. de marchandises à C, payables à quatre mois. — Le 20 février, elle a reçu le règlement de B, pour les 1000 fr. qu'il devait. — Le 28, elle a payé C, partie en espèces, partie en effets de portefeuille. — Ces articles seront passés au journal dans la forme suivante :

Du 11 février 18...		
DOIT B., de.... fr. 1000 pour notre facture de ce jour..................................	1000	»
Du 12 id.		
AVOIR C., de...., fr. 6000, montant de sa f^re de ce jour................................	6000	»
Du 20 id.		
AVOIR B., de...., fr. 1000, montant de son billet n°	1000	»
Du 28 id.		
DOIT C., de...., fr. 6000, savoir : N/ b/ au 12 juin, fr............ 1550 » L/ de ch/ C, 6 juillet........... 1450 » Espèces...................... 2954 20 Escompte.................... 45 80	6000	»

Le transport de ces articles au grand-livre ne présente absolument aucune difficulté, puisque chacun d'eux porte l'indication du côté du compte auquel il doit être inscrit, par le mot *doit* ou le mot *avoir*, placé au commencement de l'article.

Cette manière de tenir les livres présente bien exactement la situation de la maison comme débitrice ou créancière de telles ou telles personnes; mais elle ne peut donner aucune idée du point de départ et du point d'arrivée de cette maison dans un temps donné, ni même présenter le tableau de ses opérations. Ainsi, en supposant que cette maison commence avec un capital où se trouvent des espèces, des marchandises, des créances actives et des créances passives, les créances actives et passives seront mentionnées au journal et au grand-livre : mais ni les espèces, ni les marchandises n'y figureront. En cours d'opérations, les achats et ventes au comptant ne figureront pas davantage au journal et au grand-livre : il en sera de même des escomptes et négociations d'effets et des frais courants de la maison, puisqu'il n'en résulte ni créances ni dettes envers des tiers. Il est clair dès lors que le journal et le grand-livre en partie simple ne sont, comme les livres auxiliaires, que des livres de notes destinés à indiquer la situation de la maison vis-à-vis des tiers, sans faire connaître d'ailleurs ni la nature et la marche de ses opérations, ni leur résultat définitif.

Il est vrai que pour connaître ce résultat, on a la ressource de l'inventaire. Mais l'inventaire ne revient qu'à de longs intervalles et cause dans la maison un certain désordre. Sans doute, lorsqu'il est bien fait, il présente le résultat définitif des opérations; mais il ne peut montrer pourquoi ce résultat est favorable ou fâcheux, quelles opérations ont été bien faites et quelles mal faites, si la perte provient de mauvais achats, de mauvaises ventes ou de soustraction de marchandises, etc.

On voit par là que des livres tenus en partie simple sont toujours insuffisants et ne peuvent contenter que des personnes bien peu curieuses de leurs propres affaires et bien peu vigilantes.

Partie mixte.

Ces imperfections de la partie simple ont fait imaginer la *partie mixte*. Un commerçant se dira, par exemple : « Pourquoi ne ferais-je pas figurer à mon journal et à mon grand-livre mes opérations au comptant et mes négociations d'effets? Puisque j'ouvre des comptes à B, à C, à D, commerçants comme moi, je ne vois pas pourquoi je n'en ouvrirais pas un aux opérations qui causent chez moi une entrée ou une sortie d'espèces. Ce compte, je l'appellerai *caisse*. Je le créditerai de tous les payements que je ferai à quelque titre que ce soit et je le débiterai de toutes les sommes que je recevrai. De même, je puis ouvrir à mes effets à recevoir un compte que j'appellerai *portefeuille*, que je débiterai de tous les effets que je recevrai et que je créditerai de tous ceux que je payerai. Et pourquoi n'aurais-je pas un compte appelé *marchandises*, que je débiterais de toutes les marchandises que j'acquerrais et que je créditerais de toutes celles que j'aliénerais? »

Si ces comptes sont ouverts, ils donnent lieu à ce qu'on appelle tenue des livres en partie mixte, dont les lacunes sont moins grandes que celles de la tenue en partie simple, mais qui laisse toujours en dehors des livres un certain nombre d'opérations. Par conséquent, les écritures n'y sont pas contrôlées par elles-mêmes ; rien n'y révèle les erreurs commises : de telle sorte qu'on reste encore dans l'à peu près. La partie mixte, tout en causant un peu plus de travail que la partie simple, n'éclaire pas le chef de la maison beaucoup plus que celle-ci.

PARTIE DOUBLE.

Principes généraux.

Il en est autrement de la tenue des livres en partie double. Celle-ci mentionne dès le commencement l'actif et le passif de la maison à laquelle elle s'applique et enregistre jour par jour les opérations qui modifient, de quelque manière que ce soit, cet actif ou ce passif. Elle permet, par conséquent, non-seulement de constater le résultat final des opérations, mais d'étudier journellement les causes qui contribuent à produire ce résultat.

En principe, les livres tenus en partie double mentionnent le point de départ, le capital de la maison, et constatent les transformations que subit ce capital, lors même qu'elles ne donnent lieu ni à des créances, ni à des dettes. Ils constatent également les créances et les dettes. Ils constatent enfin, chaque fois que la chose est possible, les bénéfices ou les pertes, c'est-à-dire les accroissements ou diminutions du capital.

Le principe de la tenue des livres en partie double est que tout capital de commerce est un capital *confié* à la maison qui le gère ; que cette maison doit pouvoir à tout instant en rendre compte, dire où il est, en quelles mains et sous quelle forme il se trouve, comment et à quel jour il a été augmenté ou diminué.

En partant de ce principe, le commerçant se trouve placé en quelque sorte en dehors de la maison à laquelle il appartient. Il a un compte avec elle, comme s'il lui était étranger, et à ce compte figure toute somme qu'il ajoute et toute somme qu'il retranche au capital dont les livres doivent raconter les modifications.

Le capital de la maison de commerce étant considéré comme confié, est dû par elle : elle-même le confie à un certain nombre de personnes morales dont chacune prend comme à sa charge une partie déterminée de ce capital : à l'une les espèces, à l'autre les marchandises, à l'autre le portefeuille, etc. Quand ce capital est prêté à des tiers, comme dans le cas d'une vente à terme, ces tiers le doivent; et quand on emprunte à des tiers, comme dans un achat à terme, on doit à ces tiers. Une personne morale qui représente la maison de commerce elle-même, prend à sa charge les pertes constatées et profite des bénéfices constatés.

Ces données étant admises, on peut distinguer dans la partie double trois sortes de comptes :

1° Les comptes du propriétaire ou des propriétaires de la maison de commerce, dont l'un, intitulé *capital*, mentionne le point de départ, l'état de la maison de commerce au moment de l'ouverture des livres, l'importance et la composition du capital qui lui a été confié; l'autre, portant le nom du propriétaire ou des propriétaires de la maison de commerce, mentionne les sommes qu'ils ont prises ou fournies pendant la durée des opérations; mais ce dernier compte ne diffère en rien de ceux des correspondants étrangers, vendeurs ou acheteurs, prêteurs ou emprunteurs.

2° Comptes des divers objets de commerce personnifiés.

Ce sont ceux qui ont pris comme à leur charge les différentes parties dont se composait le capital et qui continuent à recevoir ou à fournir les objets de même nature que le mouvement des opérations fait entrer et sortir. Tels sont les comptes : Caisse, Marchandises, Portefeuille, etc.

3° Comptes de correspondants. Ce sont ceux des tiers auxquels la maison de commerce emprunte ou fournit positivement des capitaux en cours d'opérations.

Les comptes étant ainsi classés, on voit clairement que tout ce qu'ils doivent est dû à la maison de commerce, et tout ce qui leur est dû est dû par la même maison de commerce. En d'autres termes, les comptes débiteurs expriment un actif et les comptes créditeurs un passif.

Le compte *capital*, qui est toujours créditeur, exprime donc un passif? Sans aucun doute, puisque le capital a été confié à la maison de commerce et doit être restitué par elle. C'est pour n'avoir pas pris garde à ce point de départ de la tenue des livres en partie double, que les personnes étrangères au commerce s'étonnent quelquefois de voir figurer le capital au passif d'un bilan publié, comme, par exemple, celui de la Banque de France.

Lorsque les objets qui constituent le capital de la maison de commerce ont été confiés, selon leur nature, aux divers comptes chargés de les personnifier, ils ne peuvent se transformer sans passer d'un compte à un autre, ni être confiés à autrui, sans passer au compte de la personne qui les reçoit, ni être perdus ou augmentés, sans figurer au compte chargé de constater les gains et les pertes.

En partant de ce principe, que tout capital dont dispose une maison de commerce lui est confié, tout capital de commerce est dû par quelqu'un et à quelqu'un et doit figurer à deux comptes, l'un créancier, l'autre débiteur : et comme il ne peut y avoir ni créancier sans débiteur, ni débiteur sans créancier, il est clair que la somme de tous les articles de débit est toujours et nécessairement égale à la somme des articles du crédit. Il suit de là que si l'on solde tous les comptes, on doit trouver la somme des soldes créditeurs égale à la somme des soldes débiteurs.

Comme tout article est inscrit en même temps à un compte créancier et à un compte débiteur, c'est avec raison qu'on donne à cette manière de tenir les livres le nom de *partie double*. Et comme la somme des articles débiteurs étant toujours la même que celle des articles créanciers, doit être égale à celle-ci, le comptable trouve dans cette égalité un moyen de vérification de ses écritures; car si la somme de ses articles débiteurs n'est pas égale à celle de ses articles créanciers, il est certain qu'il a commis une erreur, soit en passant ses écritures, soit en en relevant le résultat. Il en est de même si la somme des soldes créanciers n'est pas égale à celle des soldes débiteurs. Si l'un ou l'autre cas se présente, il faut chercher jusqu'à ce que l'erreur soit découverte.

La tenue des livres en partie double est la seule qui présente ce moyen de vérification. Il n'y a rien de pareil dans la partie simple et dans la partie mixte.

Mais, disent quelques personnes, si les comptes donnent toujours une même somme d'articles créditeurs et d'articles débiteurs, comment peut-on savoir si on gagne ou si l'on perd? Tout simplement en prenant la balance du compte destiné spécialement à constater les gains et les pertes. Mais quelques réflexions à ce sujet seront peut-être utiles.

Comment peut-on gagner ou perdre? On peut gagner : 1° par la perception d'intérêts ou commissions; 2° par la vente de marchandises à un prix plus élevé que celui qu'elles ont coûté. On peut perdre : 1° par les dépenses que l'on fait; 2° parce que les personnes auxquelles on a prêté ou vendu à terme ne payent pas ce qu'elles doivent; 3° parce que les marchandises que l'on possède ont éprouvé une moins-value.

Ainsi, il y a des gains appréciables comme tels à l'instant même : ce sont les intérêts et commissions. Il y a aussi des pertes appréciables à l'instant même : ce sont les frais faits et les défauts de payement par les débiteurs. Il y a, au contraire, des gains et des pertes qui ne peuvent être appréciés qu'à un moment donné, lorsqu'on fait un relevé de situation, un inventaire : ce sont les plus-values et les moins-values des marchandises. Il y a enfin des gains ou pertes qu'on peut constater sur-le-champ ou à fin d'exercice, à volonté : ce sont ceux qui résultent de la différence entre le prix coûtant et le prix de vente des marchandises.

La tenue des livres en partie double n'a pas négligé cette observation. Elle inscrit les gains et les pertes que l'on connaît sur-le-champ au compte destiné à enregistrer les gains et les pertes, et ne porte à ce même compte les gains ou pertes résultant de plus-value ou de moins-value des marchandises qu'au moment des inventaires. Les gains et pertes résultant de différences entre le prix coûtant et le prix de vente des marchandises sont constatés, à volonté, de l'une ou de l'autre de ces deux manières.

Il est clair qu'en dehors des cas de gain ou de perte que nous venons d'énumérer les capitaux confiés à la maison de commerce ne peuvent que changer de forme ou changer de mains, et la partie double constate également et avec la même facilité les changements de main et les changements de forme.

Journal. — Rédaction des articles.

Venons maintenant à la rédaction des articles et essayons de rendre sensible par des exemples la théorie générale que nous venons d'exposer. Mais avant tout décrivons les livres principaux.

Le journal en partie double se règle comme le journal en partie simple. Il est, comme le journal en partie simple, tenu par pages avec deux petites colonnes de référence à gauche et deux colonnes de caisse à l'encre, au moins, à l'extrémité droite de la page : il a presque toujours à l'intérieur de ces deux colonnes une colonne de caisse au crayon. Il existe aussi des journaux fort bien tenus qui n'ont à gauche qu'une seule colonne de référence, et à droite, une colonne de caisse au crayon suivie d'une seule colonne de caisse à l'encre.

On inscrit à la colonne de référence le numéro de la page du grand-livre où chaque article se trouve rapporté. Comme chaque article figure à deux comptes, l'un créancier, l'autre débiteur, il faut indiquer deux pages du grand-livre. Dans les journaux qui ont deux colonnes de référence, la première est destinée à l'indication de la page du compte débiteur et la seconde à l'indication de la page du compte créancier. Mais comme tout article occupe au moins deux lignes, on peut, avec une seule colonne de référence, indiquer la page du compte débiteur et celle du compte créancier en écrivant invariablement le numéro de la première sur la ligne où est inscrit le compte, quand les deux comptes sont indiqués sur la même ligne, et le numéro de la seconde à la seconde ligne. Quand le premier compte nommé est créancier, on indique le numéro de la page du grand-livre où il est inscrit sur la ligne où il est nommé et le numéro des comptes débiteurs sur la ligne où chacun d'eux se trouve nommé. Lorsqu'on adopte ce système, on se sert au besoin de la seconde colonne de références pour indiquer la page du livre auxiliaire et spécialement de la main-courante d'où l'article est extrait.

Quant à la rédaction des articles, il faut remarquer qu'elle est plus détaillée dans les maisons qui manquent de certains livres auxiliaires, et plus sommaire dans les maisons qui ont le plus grand nombre de livres auxiliaires. Une maison qui n'a pas de livre de factures ou de bordereaux, inscrira au journal le détail de ses bordereaux et de ses factures, tandis qu'une maison où ce détail se trouve sur les livres auxiliaires ne le répétera pas sur son journal.

Il est admis en coutume que le journal ne mentionne chaque jour pour un compte quelconque qu'un article débiteur et un article créditeur tout au plus et qu'il totalise, par conséquent, en un seul article, toutes les opérations du même genre qui ont eu lieu le même jour. Ainsi, une maison de détail aura fait le même jour cent ventes au comptant, elle réunira par une addition en un seul article le résultat de ces cent ventes.

La rédaction des articles du journal doit être aussi concise que possible : elle cherche la clarté dans l'uniformité de ses procédés. Ainsi, lorsqu'il n'y a qu'un débiteur et qu'un créancier à inscrire, tout article devant être inscrit au débit d'un compte et au crédit d'un autre compte, on commence l'inscription par le nom du compte débiteur, et par ce moyen, on évite la répétition interminable du mot *doit* qui reste sous-entendu. On écrit invariablement : « TEL compte à TEL autre compte, » ce qui signifie que l'article est au *débit* du premier et au *crédit* du second.

Lorsqu'il n'y a qu'un débiteur et plusieurs créanciers ou un compte créancier et plusieurs débiteurs, on commence ordinairement par le compte unique et l'on écrit : « *tel* compte *aux* suivants, » s'il est débiteur; « les suivants *à tel*, » s'il est créancier. Puis vient l'énumération des autres comptes avec l'indication de la somme que doit chacun d'eux. Dans ce dernier cas, bien que le compte créancier soit le premier inscrit, on a soin de réserver la première place aux comptes débiteurs en disant « les suivants à *tel*, « c'est-à-dire : « les suivants sont débiteurs de *tel*. »

Les comptes étant considérés comme des personnes, leur nom est inscrit en lettres plus grosses et souvent d'une autre écriture que celles du corps de l'article.

Voilà pour la rédaction. Quant à la question de savoir quel compte doit être débité et quel compte crédité à la suite d'une opération donnée, elle se résout par la maxime invariable : « *qui reçoit*, DOIT ; *qui fournit ou paye*, A. »

Cette règle, qui est en quelque sorte la loi de la partie double, n'admet absolument aucune exception.

On aura sans doute remarqué que le compte *capital*,

ainsi que les comptes des propriétaires et correspondants de la maison de commerce n'ont rien d'arbitraire : ils sont présentés et désignés par la nature même des choses. Au contraire, les comptes qui personnifient des objets de commerce, peuvent être multipliés, lorsque le chef de la maison le juge convenable, et peuvent, au contraire, être réduits à un très-petit nombre, à quatre, par exemple, selon que les objets de commerce sont des marchandises proprement dites, des espèces monnayées, des effets à recevoir ou des effets à payer. On peut donc établir une tenue de livres très-régulière avec ces quatre comptes, le compte capital, et un compte destiné à constater les gains et pertes de la maison. Ces comptes seront appelés *marchandises*, *caisse*, *portefeuille*, *effets à payer*, *profits et pertes*.

ÉTABLISSEMENT DE COMPTES EN PARTIE DOUBLE.

Supposons qu'un particulier veuille fonder une maison de commerce et n'avoir que ces six comptes d'ordre. Il dispose : 1° d'un fonds de terre que son père lui a donné en avancement d'hoirie, évalué à 50 000 fr. ; 2° de 25 000 fr., espèces, provenant de la dot de sa femme ; 3° de 50 000 fr. en titres de rente 3 p. 100, provenant de la même dot ; 4° de 20 000 fr. de billets ou lettres de change provenant de la même dot ; 5° de 10 000 fr. d'économies faites par lui et placées chez A, banquier, en compte courant. Il reste chargé de payer une dette de 10 000 fr. hypothéquée sur le fonds de terre à un an d'échéance. Il a d'ailleurs son appartement, ses meubles et effets personnels, ainsi que ceux de son ménage. Voyons comment seront ouverts les livres de la maison X ?

Nous savons que le compte destiné à constater le point de départ du commerçant s'appelle *Capital*. Maintenant qu'est ce fonds de terre destiné à créer une maison de commerce? Une marchandise. Qui la recevra? Le compte Marchandises. Qui la fournit? Capital. On écrira donc:

MARCHANDISES à CAPITAL.

La terre N. évaluée à.................. 50 000 »

Pourquoi n'inscrit-on pas ce fonds au crédit du père de X qui le fournit? Parce que X père l'ayant cédé sans le devoir, à titre de don, avant que les livres de la maison de commerce fussent ouverts, il n'y a pas à lui en tenir compte. Il n'y a pas lieu davantage de porter ce capital au crédit de X fils, puisque celui-ci le place dans son commerce, le confie à la maison qu'il va fonder pour entrer dans l'actif du compte Capital.

Mais ce fonds de terre est grevé de 10 000 fr. de dettes. Qui reçoit actuellement cette somme? Capital, qui a été crédité de la valeur entière de la terre, en est débiteur. Qui se charge de l'acquitter? Qui fournit? Effets à payer. Donc, on écrit:

CAPITAL à EFFETS A PAYER.

Contrat en faveur de B., fr................ 10 000 »

Quant aux articles relatifs à la dot de Mme X, il faut considérer sous quel régime elle est mariée. Si c'est sous le régime de la communauté simple, ils font partie du capital qui doit en être crédité; si le mariage est sous le régime de la communauté réduite aux acquêts, Mme X est créancière de la maison de commerce et doit y avoir un compte à part. Supposons le premier cas. Les 25 000 fr. espèces se trouveront confiés à Caisse, les 50 000 fr. en titres de rente à Marchandises, les 20 000 fr. de billets et lettres à Portefeuille. Ces trois comptes seront débités chacun de la somme qui lui revient et Capital en sera crédité. Quant à la somme de fr. 10 000, placée chez le banquier A, elle sera portée au débit de ce banquier et au crédit de Capital

Le journal de la maison de commerce X sera donc ouvert de la manière suivante :

	Du 1er mars 18...			
	Les suivants à CAPITAL, savoir :			
	MARCHAND. pr la terre N. 50 000 / » rente 3 p. 0/0 ...... 50 000	100 000		
	CAISSE pr espèces reçues.........	25 000	155 000	»
	PORTEFEUILLE pr lettres et b/ nos.	20 000		
	A., banquier, à.... s/ cte ct.......	10 000		
	id. id.			
	CAPITAL à EFFETS A PAYER............		10 000	»

Au grand-livre, ces écritures seront reportées de la manière indiquée pages 18 et 19 ci-contre.

La simple inspection de ces pages figurant la transcription des comptes au grand-livre indique qu'ils présentent au crédit une somme égale à celle du débit, 165 000 fr., et que si on les solde, on trouve encore à l'actif et au passif deux sommes égales, de 155 000 fr. On peut voir qu'il en serait de même, quels qu'eussent été les chiffres qui auraient composé le capital.

Il est inutile d'observer que quand on écrit *à* devant les articles du débit, on sous-entend *dû* ou *il est dû à ;* quand on écrit *par* devant les articles du crédit, on veut dire : *il est dû par* tel ou tel compte. Lorsqu'un compte doit à plusieurs autres le même jour ou que plusieurs doivent à un seul, on écrit en un seul article au grand-livre *à plusieurs comptes* ou *par plusieurs comptes.* De même, au journal nous avons écrit : « Les *suivants à Capital* » avant d'énumérer les comptes, afin d'indiquer que ces comptes sont tous débiteurs. On écrirait : *Capital aux suivants*, si Capital devait à plusieurs comptes. — Comme ces formes de rédaction reviennent fréquemment et presque à chaque article dans les livres de commerce, elles ne peuvent présenter aucune obscurité.

Une fois ces écritures passées, nous savons quel est le point de départ de la maison X, quel est le capital avec

DOIT			CAPI-	
18.. Mars.	1er	à Effets à payer.........	10 000	»
		MARCHANDISES.		
18.. Mars.	1er	à Capital...............	100 000	»
		CAISSE.		
18.. Mars.	1er	à Capital...............	25 000	»
		PORTEFEUILLE.		
18.. Mars.	1er	à Capital...............	20 000	»
		A., banquier à.....		
18.. Mars.	1er	à Capital...............	10 000	»
		EFFETS A PAYER.		

lequel elle a commencé les affaires et comment ce capital est composé. Il ne s'agit que d'en suivre les transformations et les mouvements, ainsi que les transformations et mouvements des capitaux qui pourront être prêtés à la maison et de constater l'accroissement ou la diminution du sien propre.

Nous supposons que la maison X fasse un commerce de nouveautés et plus spécialement de soieries et qu'elle tienne un livre de factures, un livre d'achats, un livre de magasin et un livre de caisse, ce qui nous dispensera de porter au journal des détails qui obscurciraient nos exemples. On loue un magasin à raison de 10 000 fr. l'an,

TAL. AVOIR.

18.. **Mars.**	1er	Par plus/ ctes.		155 000	»

MARCHANDISES.

CAISSE.

PORTEFEUILLE.

A., banquier à.....

EFFETS A PAYER.

18.. Mars.	1er	Par Capital.............		10 000	»

et on paye d'avance les six premiers mois. A quels comptes inscrira-t-on cette dépense de 5000 fr.?

Y a-t-il dans l'opération un prêt, une transformation de capitaux, ou une dépense qui dès à présent diminue le capital. Les 5000 fr. sont-ils définitivement déduits de ce capital, perdus? Oui, sans aucun doute. Quel compte reçoit les sommes ainsi dépensées et en est débiteur? Le compte Profits et pertes. Quel compte fournit les 5000 fr.? Caisse. Il faudra donc écrire :

Du 1er mars.

PROFITS ET PERTES à CAISSE.

6 mois de loyer payés ce jour, fr......................... 5000

Le même jour, X reçoit avis de B, de Lyon, que diverses parties de soieries, dont les factures s'élèvent ensemble à fr. 85 000, lui ont été expédiées par le chemin de fer, payables à quatre mois. L'inscription de l'opération aux livres est fort simple. Qui reçoit? Marchandises. Qui fournit? B, de Lyon. Il faut donc débiter Marchandises et créditer B. On écrira en conséquence :

Du 1er mars.

MARCHANDISES à B, de Lyon.

Montant de sa facture n° fr.................... 85 000

Deux jours après, les marchandises annoncées arrivent et donnent lieu au payement d'une lettre de voiture de 60 fr. On peut considérer cette somme comme une partie du coût des marchandises envoyées, et en ce cas, c'est le compte Marchandises qui reçoit; ou on la considérera comme une dépense faite, une perte, et en ce cas, on en débite Profits et pertes. Mais la première manière de voir nous semble la plus correcte, et bien que la seconde ne présente nul inconvénient sérieux, nous écrirons :

Du 3 mars.

MARCHANDISES à CAISSE.

L/ de voit/ de Lyon, fr................................ 60

Le même jour, X achète sur place diverses parties de marchandises pour compléter son assortiment, et il les paye jusqu'à concurrence de 40 000 fr., partie en espèces ou par un chèque sur son banquier, partie par une cession d'effets de son portefeuille. En ce cas, l'escompte des factures des vendeurs et la cession des effets de portefeuille peuvent avoir donné lieu à des comptes d'intérêts en sa faveur ou contre lui et ces intérêts pourraient régulièrement être portés au compte Profis et pertes. Cependant, on les néglige dans la pratique, afin d'épargner les écritures, et l'on suppose simplement qu'ils viennent en diminution du prix des marchandises. Cette manière de passer écriture ne présente d'ailleurs nul inconvénient, puisque la diminution du prix d'achat des marchandises est un gain, comme l'augmentation de ce prix est une perte.

On pourra donc, dans le cas indiqué plus haut, négliger les comptes d'intérêt, qui auront réduit de 1000 fr., par exemple, l'acquit des diverses factures. Alors qui reçoit? Marchandises. Qui fournit? Sont-ce les vendeurs? Non, puisqu'ils sont payés. Ce sont les comptes qui ont payé. Savoir : Caisse, A, banquier, et Portefeuille. On écrira donc :

Du 3 mars.

MARCHANDISES aux suivants, savoir :

à CAISSE, fr.	15 000	39 000
à PORTEFEUILLE	15 000	
à A, banquier	9 000	

Le lendemain, la vente commence. On vend au comptant pour 2500 fr. et à trois mois, à C, pour 1 000 fr. de marchandises. Qui reçoit? Caisse pour la vente au comptant, et C pour la vente à terme. Qui fournit? Marchandises. Il faut donc débiter Caisse et C en créditant Marchandises, et on écrit :

Du 4 mars.

Les suivants à MARCHANDISES, savoir :

CAISSE pour vente au c^t, fr.	2500	3500
C, de...., n/ f^{re} n°	1000	

Pour ne pas répéter sans nécessité les mêmes opérations, nous supposerons que les ventes au comptant du mois s'élèvent en tout à 70 000 fr. et les ventes à terme, toutes faites à C, à 25 000 fr., et nous les passerons en deux articles au 25 mars. Nous supposerons qu'il n'a été fait aucun nouvel achat dans cet intervalle.

Le 8 mars, C donne quelques effets de portefeuille, auxquels il joint ses billets, le tout montant à la somme de 12 000 fr. Qui reçoit? Portefeuille. Qui fournit? C. On écrira donc :

Du 8 mars.

PORTEFEUILLE à C.

Pour les effets n°s 12 000

Le 10 mars, un effet de 2000 fr. provenant du capital vient à échéance, il est régulièrement payé. Qui reçoit? Caisse. Qui fournit? Portefeuille. On écrit donc :

Du 10 mars.

CAISSE à PORTEFEUILLE.

Encaissement du b/ n° 2000

Inscrivons au 25 mars les ventes qui ont été faites dans le courant du mois et qui figuraient par fractions, à leur date, sur le journal. Qui reçoit? Caisse, pour les ventes au comptant, et C pour les ventes à terme. Qui fournit? Marchandises. Nous écrivons donc :

Du 25 mars.

Les suivants à MARCHANDISES, savoir :

CAISSE p^r ventes au c^t, fr.	70 000	95 000
C, p^r nos f^{res} n^{os}.	25 000	

Dans le courant du mois, on a remis chez le banquier les fonds rentrés en caisse chaque fois qu'ils se sont élevés au-dessus de ce qui était nécessaire aux petits payements du jour. Supposons qu'au 25 mars les fonds ainsi versés s'élèvent à 60 000 fr., et portons-les comme s'ils avaient été versés à cette date. Qui reçoit? A, banquier. Qui fournit? Caisse. On écrira donc :

Du 25 mars.

A, banquier, à CAISSE.

Versements faits chez lui, fr. 60 000

Ce même jour, X veut régler l'achat de soieries fait à Lyon le 1er mars. Il adresse à B un billet de 60 000 fr. payable à présentation chez A, banquier, et un billet de

24 030 fr., payable au 1er juillet. Une somme de 970 fr., qui complète les 85 000 fr. dus, est déduite pour escompte et prompt payement de 60 000 fr.

Qui reçoit? B, de Lyon. Qui fournit? A, banquier, pour les 60 000 fr. à vue; Effets à payer pour le billet payable au 1er juillet. Quant aux 970 fr. d'escompte, c'est un gain net, absolument comme si les marchandises qui font l'objet du règlement avaient été achetées à meilleur marché d'égale somme, ou comme si on les avait vendues plus cher. Cette somme de 970 fr. sera donc considérée comme ayant été fournie par Profits et pertes, on écrira :

Du 25 mars.

B, de Lyon, aux suivants, savoir :

à A, banquier, n/ chèque de fr.	60 000	
à EFFETS A PAYER	24 030	85 000
à PROFITS ET PERTES, escte	970	

Ce mode de passer écriture suppose que le chèque est payé exactement par le banquier.

Le 26 mars, X a besoin d'argent pour les dépenses de sa maison et prend 1000 fr. à la caisse. Qui reçoit? C'est X, sans aucun doute. Mais reçoit-il avec intention de rendre à la maison de commerce, de rembourser un capital? Non. Il reçoit à titre de prélèvement, pour ne pas rendre. Cette somme de 1000 fr. est donc dépensée purement et simplement par la maison de commerce, comme si elle était payée au percepteur pour les contributions ou aux commis pour leurs appointements : ce sont des appointements que X s'attribue. En réalité, cette somme est perdue pour la maison de commerce. Il faut donc la considérer comme payée à Profits et pertes, et en créditer Caisse, qui la fournit. On écrira donc :

Du 26 mars.

PROFITS ET PERTES à CAISSE.

Pour prélèvement de n/ s/ X, fr. 1000

Le même jour, on reçoit fr. 535,50 montant des coupons de la rente 3 pour 100 appartenant au Capital. Cette somme constitue un accroissement d'avoir, un bénéfice liquide. Elle est, par conséquent, attribuée à Gains et pertes, et on dit : Qui reçoit? Caisse. Qui fournit? Profits et pertes. Écrivons donc :

Du 26 mars.

CAISSE à PROFITS ET PERTES.

Coupons de rente 3 p. 0/0.......................... 535 50

Au 31 mars, on paye les employés de la maison dont les appointements pendant le mois s'élèvent à 400 fr. On paye aussi le gaz dont le compte s'élève à 100 fr. Ces deux sommes sont des dépenses définitives, une diminution actuelle de capital. Elles doivent donc être imputées au compte Profits et pertes, et l'on dit : Qui reçoit? Profits et pertes. Qui fournit? Caisse. Il faut, par conséquent, écrire :

Du 31 mars.

PROFITS ET PERTES à CAISSE.

Frais divers, fr.................................. 500 »

Ce même jour, on a vendu à diverses personnes des marchandises qui doivent être payées ou réglées sous très-peu de jours et pour lesquelles on juge inutile d'ouvrir aux acheteurs, R, S, T, des comptes spéciaux. Ces ventes s'élèvent à 2700 fr., dont 1500 fr. à R, 800 fr. à S et 400 fr. à T. Qui reçoit? R, S, T, que nous réunissons sous un seul compte intitulé *divers*. Qui fournit? Marchandises. On écrira donc :

Id. id.

DIVERS à MARCHANDISES, savoir :

R., n/ f^re^ n°	1500	2700
S., n/ f^re^ n°	800	
T., n/ f^re^ n°	400	

En cet état, si nous faisons l'addition des opérations inscrites au journal, nous trouvons la somme de fr. 556 295,50. Nous trouvons la même somme en faisant l'addition des articles inscrits au débit des divers comptes au grand-livre et encore la même somme en faisant l'addition des articles inscrits au crédit.

On comprend que lorsque les divers articles se composant et se décomposant de plusieurs manières, présentent cependant la même somme au crédit, au débit et au journal, il est très-probable, pour ne pas dire certain que les opérations ont été correctement inscrites. Lorsque, par exemple, après un an d'exercice et des milliers d'articles inscrits, on trouve cette égalité des sommes, on se tient pour assuré que les livres ont été exactement tenus.

Si, au lieu de trouver les sommes égales, on trouve deux sommes différentes au journal, au crédit et au débit, on peut conclure sans hésiter qu'une erreur au moins a été commise et s'empresser de la chercher en révisant un à un tous les articles qui ont été inscrits. Lorsqu'on procède à cette révision, on a l'habitude de marquer d'un trait ou d'un point au crayon chaque article à mesure qu'on le revoit. Cette opération s'appelle un *pointage;* on dit, lorsqu'on l'a pratiquée, que l'on a *pointé* tous les articles, au lieu de dire qu'on les a revisés.

Balances de vérification.

Dans les maisons considérables dont la comptabilité est étendue, comme dans les grandes maisons de banque, on vérifie tous les jours les articles inscrits afin de savoir si les totaux du crédit et du débit présentent des sommes égales. Dans les maisons moyennes, on se contente de vérifier l'état de la comptabilité toutes les semaines ou même tous les mois. On emploie pour cela un procédé uniforme qui consiste à relever sur une feuille volante le total de l'actif et le total du passif de chaque compte, ainsi que le solde, actif ou passif que chaque compte présente. C'est ce qu'on appelle *relever une balance de vé-*

rification. La feuille volante employée à cet usage s'appelle *feuille de balance* ou *d'inventaire*.

Supposons que la maison X, qui nous a servi d'exemple, veuille vérifier au 31 mars l'état de sa comptabilité. Sa feuille d'inventaire présentera l'aspect suivant :

		SOMMES.				SOLDES.			
		Doit.		Avoir.		Doit.		Avoir.	
1	Capital...............	10000	»	155000	»			145000	»
2	Marchandises.........	224060	»	101200	»	122860	»		
4	Caisse................	100035	50	81560	»	18475	50		
6	Portefeuille...........	32000	»	17000	»	15000	»		
9	A., banquier..........	70000	»	69000	»	1000	»		
11	Effets à payer.........			34030	»			34030	»
10	Profits et pertes.......	6500	»	1505	50	4994	50		
7	C., de	26000	»	12000	»	14000	»		
5	Divers...............	2700	»		»	2700	»		
		471295	50	471295	50	179030	»	179030	»

Les numéros placés dans la petite colonne à gauche de la désignation de chaque compte, indiquent la page ou le folio du grand-livre où le compte se trouve inscrit.

On remarquera sans doute que nous n'avons pas porté sur la feuille d'inventaire le compte B, de Lyon, parce qu'il se balançait exactement. Presque tous les comptables portent les comptes qui se trouvent dans ce cas à la feuille d'inventaire, afin de retrouver la même somme que donne l'addition du journal : d'autres préfèrent omettre ces articles, parce que cette omission fait subir aux chiffres un mouvement de plus, et si le total des nombres de l'actif et celui des nombres du passif donnent une somme égale, il y a dans cette circonstance une garantie suffisante de correction des écritures.

L'égalité de la somme des soldes débiteurs et de la somme des soldes créditeurs présente une autre garantie plus importante encore, car il est bien difficile, pour ne pas dire impossible, que des écritures incorrectes donnent des totaux égaux au crédit et au débit et des sommes de soldes égales.

Mais pourquoi les soldes débiteurs et les soldes créditeurs doivent-ils présenter des totaux égaux? Parce que la somme des articles créditeurs étant égale à celle des articles débiteurs, il ne peut exister aucune différence en faveur du crédit qui ne soit compensée par une différence égale en faveur du débit.

Dans les petites maisons on ne se livre guère au travail de révision qu'au moment de l'inventaire, et c'est justement ce qui rend cette opération redoutable, parce qu'il faut vérifier alors les écritures de toute l'année. Dans les maisons qui vérifient fréquemment leurs écritures, l'inventaire des livres est, au contraire, une opération courte et facile.

Inventaire.

Essayons de faire comprendre en peu de mots cette opération, et, pour plus de simplicité, supposons qu'au 31 mars, date à laquelle se trouvent nos écritures, le chef de maison veuille faire inventaire. En quoi précisément consistera cette opération? A revenir au point de départ; à ramener tous les comptes à un seul, comme celui qui existait à l'ouverture des livres.

En ouvrant les livres, on avait personnifié la maison par le compte Capital et confié son avoir à diverses personnes, soit réelles, soit fictives, les premières désignées par leur nom, les secondes par ceux de Caisse, Marchandises et Portefeuille. On avait inscrit de même les dettes au crédit de personnes réelles ou de la personne fictive appelée Effets à payer. Pour connaître le résultat des opérations, il faut donc ouvrir un compte liquidateur auquel tous les autres viendront apporter ce qu'ils possèdent et déclarer ce qu'ils doivent.

Ce compte liquidateur, une fois dressé, donnera le *bilan*, c'est-à-dire l'état de l'actif et du passif de la maison. Aussi dans plusieurs pays porte-t-il en effet le nom de Bilan. En France, on l'appelle généralement *Balance de sortie* ou *Comptes anciens*. Ces désignations n'importent guère, bien que certains comptables y attachent une grande importance. Ce qui importe, c'est de bien comprendre que ce compte représente un liquidateur, chargé d'exiger et de recevoir les sommes dues à la maison et de payer les sommes que la maison doit; appelons ce compte, *Bilan du* 31 *mars* 18. . ou simplement *Bilan*, et procédons.

Commençons, avant tout, par une vérification des écritures, que nous effectuerons en relevant la feuille d'inventaire que nous avons déjà prise pour exemple.

Une fois la feuille d'inventaire relevée, avec des totaux égaux aux sommes et aux soldes, la confection de l'inventaire devient facile. Pour la plupart des comptes, il suffit de *solder par Bilan*, c'est-à-dire de porter le solde, s'il est créditeur, au crédit de Bilan, et, s'il est débiteur, à son débit. Ainsi, dans notre exemple, Bilan sera crédité des 145 000 francs par lesquels se solde le compte capital et débité des 18 475 fr. 50 cent. par lesquels se solde le compte de Caisse et qui existent effectivement en espèces. Mais il est deux comptes dont le solde n'exprime pas la situation véritable et qu'il convient de ramener au vrai avant de passer les écritures. Ces deux comptes sont Marchandises et Profits et pertes.

En effet, le compte Marchandises n'énonce que la somme de marchandises entrées ou achetées et le prix retiré de celles qui ont été vendues. Mais comme les marchandises ont été vendues à un prix différent du prix d'achat; comme, en outre, les marchandises restées en magasin peuvent avoir changé de valeur pendant la durée des opérations ou avoir été soustraites, il faut procéder à une vérification de ces marchandises, à un inventaire réel avec recolement. Supposons que les rentes et la terre, n'ayant pas changé de valeur, représentent toujours 100 000 francs. Nous trouvons en outre en magasin diverses marchandises qui, estimées au prix d'achat, vaudraient 35 000 francs. Comme elles peuvent avoir perdu quelque chose de leur valeur pendant le mois qui s'est écoulé, nous supposerons qu'elles ne valent plus que 30 000 francs, qui, joints aux rentes et à la terre, donnent un total d'existences de 130 000 francs.

Puisque cette somme existe réellement, il convient d'en créditer Marchandises par le compte liquidateur Bilan. En effet, qui la reçoit? Bilan. Qui la fournit? Marchandises. On écrira donc :

BILAN à MARCHANDISES.

Pour existences à l'inventaire, fr........................ 130 000

Mais, une fois cet article passé, le compte Marchandises ne présentera plus le solde que nous avons relevé d'abord : il présentera un solde créditeur de 7140 francs. Que représente ce solde? Les gains réalisés par suite de la différence entre les prix d'achat et les prix de vente des marchandises. Il convient donc de solder le compte Marchandises par Profits et pertes, c'est-à-dire de porter ce solde au crédit de Profits et pertes. En effet, qui reçoit cette somme? Marchandises. Qui la fournit? Profits et pertes. On écrit donc :

MARCHANDISES à PROFITS ET PERTES.

Pour solde à l'inventaire, fr........................... 7140

Le solde du compte Profits et pertes se trouve alors gravement altéré, et ce n'est pas tout; car nous avons porté au débit de ce compte une somme de 5000 francs pour frais de loyer pendant six mois dont cinq restent à courir. Il y a donc lieu de créditer Profits et pertes des 5/6 de 5000 francs, soit de 4166 fr. 65 cent. Comme il s'agit d'un article d'ordre et transitoire, on débitera le compte *Divers* de cette somme en en créditant Profits et pertes. En effet, c'est Divers qui la reçoit ou s'en charge, et la doit par conséquent : c'est Profits et pertes qui la fournit et doit en être crédité. On écrira donc :

DIVERS à PROFITS ET PERTES.

Pour loyer avancé, fr.............................. 4 166 65

Une fois ces écritures passées, le compte Profits et pertes présentera un solde de 6312 fr. 15 cent., et la feuille définitive d'inventaire présentera l'aspect suivant :

		SOMMES.				SOLDES.			
		Doit.		Avoir.		Doit.		Avoir.	
1	Capital...............	10000	»	155000	»			145000	»
2	Marchandises.........	231200	»	231200	»				
4	Caisse................	100035	50	81560	»	18475	50		
6	Portefeuille...........	32000	»	17000	»	15000	»		
9	A., banquier..........	70000	»	69000	»	1000	»		
11	Effets à payer.........			34030	»			34030	»
10	Profits et pertes.......	6500	»	12812	15			6312	15
7	C., de	26000	»	12000	»	14000	»		
5	Divers................	6866	65			6866	65		
	Bilan................	130000	»			130000	»		
		612602	15	612602	15	185342	15	185342	15

Lorsqu'on a ainsi constaté par l'égalité des sommes et des soldes la correction des écritures, on clôt l'inventaire en soldant tous les comptes par le compte liquidateur Bilan, qui se trouve lui-même soldé. En d'autres termes, on porte au débit de Bilan tous les soldes débiteurs, dont on crédite les comptes, et au crédit de Bilan les soldes créditeurs, dont on débite les comptes.

Une fois cette opération faite, le compte Bilan se trouve débiteur de tout l'actif de la maison de commerce, caisse, portefeuille, marchandises, créances actives : il se trouve créancier de tout le passif de cette même maison, effets à payer et créances passives de toute sorte.

Dans le passif de la maison, nous remarquons le compte Capital et le compte Profits et pertes. Le capital ayant été confié à la maison à la charge de le conserver et de le rendre, elle le doit. Elle doit aussi les bénéfices réalisés, lorsqu'on lui en demande compte, c'est-à-dire au moment de l'inventaire, époque où le chef en dispose, soit dans les affaires de la maison, soit au dehors.

Les écritures d'inventaire que nous avons indiquées peuvent être formulées au journal de la manière suivante :

Du 31 mars.				
Les suivants à PROFITS ET PERTES, savoir :				
MARCHANDISES, pour solde à l'inventaire.	7140	»	11306	65
DIVERS, pr loyer payé d'avance..........	4166	65		
id. id.				
BILAN aux suivants, savoir :				
à MARCHANDISES, existences constatées...	130000	»	185342	15
à CAISSE, espèces..........................	18475	50		
à PORTEFEUILLE, effets nos	15000	»		
à A, banquier, solde..........................	1000	»		
à C, de ...., do	14000	»		
à DIVERS, do	6866	65		
id. id.				
Les suivants à BILAN, savoir :				
CAPITAL, pour solde à l'inventaire........	145000	»	185342	15
EFFETS A PAYER, do..............	34030	»		
PROFITS ET PERTES, do....................	6312	15		

Lorsqu'on veut, au lendemain de l'inventaire, continuer les écritures, on suppose que le compte Bilan restitue aux divers comptes dont il a reçu des valeurs actives et reçoit des comptes dont il a soldé les valeurs passives, les sommes qu'il a fournies pour eux. Ainsi les sommes qui forment le débit de ce compte passent au débit des comptes Marchandises, Caisse, Portefeuille, etc. Les sommes qui constituent son crédit sont portées aux comptes auxquels elles appartiennent.

Lorsque le solde du compte Profits et pertes est créditeur, le chef de la maison en dispose ou le porte au crédit du compte Capital. Si ce solde est débiteur, comme il arrive lorsque les pertes ont excédé les bénéfices, ce solde est porté au débit de Capital, parce que, en effet, le capital est diminué d'autant.

Afin d'épargner les écritures inutiles, la plupart des maisons ne portent pas au grand-livre le compte Bilan. Elles se contentent de l'inscrire au journal ou même se bornent à le transcrire sur le livre d'inventaires où elles énumèrent les divers articles qui forment le solde des comptes Marchandises, Portefeuille et Effets à payer.

Au grand-livre on solde en tout cas les comptes avec cette rédaction : « Solde à nouveau » ou « à compte nouveau » et « par compte nouveau. » Quand on reprend les écritures, le solde est porté en tête des nouveaux articles, au crédit, s'il était créditeur, et au débit, s'il était débiteur, sous la désignation de « Solde ancien » ou « Compte ancien, » dans la forme de l'exemple que l'on trouvera à la fin du volume.

Il n'est pas nécessaire d'inscrire au journal les écritures nécessaires pour la réouverture des comptes, parce qu'elles se trouvent suffisamment indiquées par celles auxquelles l'inventaire a donné lieu.

Il suffit, en effet, dans notre exemple, de débiter à nouveau les comptes auxquels doit Bilan, des soldes par lesquels ils ont été balancés et de créditer de même les comptes qui ont fourni à Bilan des soldes créditeurs.

En un mot, dans la clôture des comptes, on suppose que chacun des personnages réels ou fictifs dont ils portent les noms rendent compte au liquidateur Bilan, et, dans la réouverture, on suppose que le liquidateur, après avoir pris connaissance de la situation des affaires, rend à chacun ce qu'il en avait reçu pour continuer les opérations.

On se dispense seulement de passer en forme au journal les écritures du compte Bilan, au moins à la réouverture des opérations. Quelques maisons vont plus loin et n'inscrivent pas ailleurs que sur le livre spécial affecté aux inventaires les écritures par lesquelles on clôt les comptes. Mais l'inscription des écritures au grand-livre est beaucoup plus uniforme. Là, on ferme et on ouvre effectivement les comptes dans la forme indiquée à la fin de ce volume.

LIVRE DES INVENTAIRES.

Les inventaires sont transcrits sur un livre spécial dont la tenue est ordonnée par le Code de commerce.

L'inventaire doit comprendre, non-seulement le bilan proprement dit, qui en est un résumé, mais 1° une énumération détaillée des marchandises qui existent au pouvoir de la maison de commerce, accompagnée d'une évaluation de chaque article; 2° une énumération détaillée des effets qui existent dans le portefeuille; 3° une énumération détaillée des effets à payer; 4° une énumération détaillée des créances actives et passives.

Ainsi, en établissant au livre spécial l'inventaire de la maison X, on écrira sous le titre *Marchandises :*

100 pièces taffetas uni mesurant tant de mètres, à tant le mètre... tant.
60 pièces velours mesurant tant de mètres, à tant le mètre...... »
etc., etc., etc.

Le total de ces sommes partielles donnera le solde du compte Marchandises au bilan.

Les effets à recevoir et à payer seront énumérés en forme de bordereau d'escompte. Quant aux créances actives et passives, elles ressortent du bilan. Mais on énumère quelquefois à l'inventaire le détail de celles qui forment le compte Divers.

En somme, le bilan résume l'inventaire et en présente le résultat. Mais il doit être accompagné sur le livre d'inventaires des pièces justificatives, qui sont précisément les énumérations que nous venons d'indiquer.

Lorsque les livres d'une maison sont tenus en partie simple, leur inventaire ne présente qu'un état des créances actives et passives. Les existences doivent être constatées par des relevés effectifs et directs qui ne trouvent dans la comptabilité générale aucune vérification.

L'inventaire doit être daté et signé par le chef de maison sur le livre spécial.

SUBDIVISION DES COMPTES INTÉRIEURS.

Exemples divers.

Nous avons supposé jusqu'à présent que les livres de la maison X étaient tenus aussi simplement que possible, de manière à rendre un compte exact des résultats généraux des opérations, sans s'occuper autrement des détails. Aussi n'avons-nous ouvert à cette maison que les six comptes d'ordre strictement nécessaires, savoir : Capital, Marchandises, Caisse, Portefeuille, Effets à payer et Profits et pertes. Mais il peut arriver que X veuille se rendre compte du détail de certaines opérations et désire en être instruit par la tenue de ses livres. Il peut satisfaire ce désir de la manière la plus simple, sans altérer en quoi que ce soit la méthode que nous avons décrite.

Les opérations de mars ont laissé un bénéfice net de 6312 fr. 15 cent. X veut laisser cette somme dans sa maison de commerce, sans la confondre cependant avec son capital primitif : il a l'intention de la mettre en réserve pour couvrir les pertes qu'il pourra éprouver, et assurer que ses prélèvements ne diminueront pas la puissance de son entreprise. Que fait-il alors? Il décide simplement l'ouverture d'un nouveau compte, intitulé *Réserve*, qu'il créditera des bénéfices réalisés, ou qu'il débitera des pertes éprouvées, chaque fois qu'il fera son inventaire.

Que sera ce compte? En réalité, ce n'est qu'une subdivision du compte Capital, et il se comportera comme celui-ci lors de l'inventaire. Les articles constituant son crédit seront passés au débit de Bilan, et les articles du débit, s'ils donnent un solde, seront passés au crédit de Bilan.

Nous avons déjà remarqué que le compte Profits et pertes se réglait à l'inventaire comme le compte Capital. C'est qu'en réalité Profits et pertes est, lui aussi, une subdivision du compte Capital. Il constate les modifications journalières qu'éprouve, par suite de gains ou pertes de détail, le capital de la maison. Le compte Réserve, une fois ouvert, constate les mêmes modifications, mais à chaque inventaire seulement, tandis que le compte Capital reste immobile, ou ne se modifie que par des opérations extraordinaires.

Donc à la réouverture des comptes, le 1er avril, X prélève fr. 312 15 pour être distribués aux commis à titre de gratification et attribue au compte Réserve les fr. 6000 qui complètent la somme des bénéfices réalisés en mars. Qui reçoit ces deux sommes? Profits et pertes. Qui les fournit? Caisse et Réserve. On écrit donc :

PROFITS ET PERTES aux suivants, savoir :

à CAISSE, gratifications aux employés..............	312	15
à RESERVE, transport à ce compte...............	6 000	»
	6 312	15

Alors le compte Profits et pertes se trouvera soldé. Dans la pratique, on fait ordinairement cette opération, au moment même d'arrêter l'inventaire, de manière à rouvrir les comptes avec celui de Profits et pertes définitivement soldé ou avec un solde insignifiant, comme si X, au lieu de prélever extraordinairement et de donner en gratification à ses employés les fr. 312.15, les avait laissés au crédit de Profits et pertes.

On remarquera sans doute que, dans la disposition que nous venons de supposer, il est bien vrai que Profits et pertes doit à Caisse qui a effectivement fourni les fr. 312.15; mais que Réserve n'a rien fourni du tout. C'est qu'en effet le transport des fr. 6000 du compte Profits et pertes au compte Réserve n'est pas une opération proprement dite. Ce n'est qu'une disposition d'ordre par laquelle le chef de la maison, pour les motifs exposés plus haut, substitue un créancier de la maison à un autre créancier et fait entre eux un véritable virement de parties.

Supposons maintenant que X, non content de savoir en

gros à combien s'élève son compte Marchandises, veuille connaître au juste ce que coûte et rapporte chacune des principales marchandises qu'il possède. Il voudra, par exemple, savoir ce que coûtent et rapportent son immeuble, ses rentes, ses opérations sur soieries. Il le peut sans peine, au moyen d'un procédé bien simple, qui consiste à ouvrir un compte spécial à l'immeuble, un compte spécial à rentes et un compte spécial à soieries. Il divisera entre ces comptes nouveaux la partie du solde de Marchandises qui appartient à chacun d'eux, comme si c'étaient autant de personnes auxquelles ces marchandises fussent confiées. Immeuble recevra 50 000 fr., Rentes recevra une somme égale, Soieries recevra 20 000 fr.

On écrira dans ce cas :

Les suivants à MARCHANDISES, savoir :

IMMEUBLE..	50 000	120 000
RENTES..	50 000	
SOIERIES..	20 000	

Alors le compte Marchandises restera débité, seulement des marchandises diverses évaluées à 10 000 fr. On l'aurait soldé et fait disparaître, si X avait voulu avoir autant de comptes qu'il avait d'espèces diverses de marchandises.

Mais que seront les trois comptes que nous venons d'ouvrir? Des subdivisions du compte Marchandises et pas autre chose. Par conséquent, à l'époque de l'inventaire, ils devront être traités comme le compte Marchandises lui-même. On évaluera les existences qui leur restent confiées ; on créditera chaque compte du montant de ces existences au débit de Bilan, puis on soldera par Profits et pertes. Eût-on ouvert des centaines de comptes de même nature, on les traiterait tous de la même façon.

On peut subdiviser de la même manière le compte Caisse, le compte Portefeuille et le compte Effets à payer, et ces subdivisions sont fréquentes en banque. On a, par exemple, plusieurs caisses dont chacune est chargée de payer ou de recevoir certaines créances passives ou actives. On a un portefeuille de Paris, un portefeuille des départements et un portefeuille de l'étranger. Enfin, on a des effets à payer à échéance fixe, comme billets à ordre et lettres de change acceptées, et aussi des effets à échéance indéterminée, tels que billets au porteur et à vue ou à deux, trois, cinq, dix jours de vue, et, comme on a intérêt à connaître le montant de chaque espèce d'effets à payer, on ouvre à chacune un compte spécial. Ces subdivisions des comptes élémentaires que nous avons posés ne changent nullement la nature du compte, et chacune d'elles doit être traitée à l'inventaire comme le compte dont elle est un démembrement. Mais comme ces subdivisions des comptes Caisse, Portefeuille et Effets à payer ne sont pas usitées dans le commerce de marchandises, nous nous réservons d'en parler plus longuement dans une autre partie de ce Cours.

Le compte Profits et pertes se subdivise aussi très-fréquemment, et il est même une subdivision que l'on peut recommander à tous les entrepreneurs de commerce et d'industrie : c'est celle des frais généraux de leur entreprise, chose très-distincte en réalité des pertes proprement dites. En effet, les frais généraux sont des dépenses consenties et prévues, tandis que les pertes sont involontaires et imprévues.

Nous supposerons que X ouvre un compte spécial à ses frais généraux. Lors de l'inventaire, ce compte, qui ne saurait avoir à son crédit d'autres articles que des remboursements ou des contre-passements, sera soldé par Profits et pertes, dont il n'est qu'un démembrement.

Nous supposerons en outre que le compte des frais généraux se trouve subdivisé lui-même et que nous ouvrons deux autres comptes, l'un au loyer, l'autre aux contributions. Nous sommes loin de recommander cette excessive subdivision qui ne sert guère qu'à multiplier les écritures, car les loyers et les contributions étant des dépenses annuelles, fixes et prévues, n'exigent pas qu'on appelle sur elles une attention qu'elles obtiennent toujours. Mais cette subdivision peut être utile ici, à titre d'exemple.

En banque, on ajoute souvent d'autres subdivisions à celle-ci. On a, par exemple, un compte affecté aux escomptes, un autre aux commissions, etc., ou bien on totalise les gains de ce genre à un compte intitulé Agios. Ces comptes fournissent au chef de maison le moyen de voir d'un coup d'œil quel a été le résultat de chaque branche d'opérations, et, à l'inventaire, tous ces comptes vont se solder par Profits et pertes.

Supposons encore que nous retirons du compte Divers les factures à recevoir et les factures à payer, qui feront désormais l'objet de deux comptes séparés.

Voilà donc aux livres de la maison X neuf comptes d'ordre nouveaux, savoir : Réserve, Immeuble, Rentes, Soieries, Frais généraux, Loyer, Contributions, Factures à recevoir et Factures à payer. Dans la pratique, les trois premiers auraient été ouverts au moment même de clore les comptes, à l'inventaire ; mais il n'y a nul inconvénient à les ouvrir après l'inventaire.

Dans la pratique même, on est souvent beaucoup moins minutieux : on laisse les anciens comptes subsister tels qu'ils sont et on se contente de porter aux comptes nouveaux les opérations nouvelles qui les concernent. Il arrive même souvent que, procédant ainsi, on ouvre ces comptes nouveaux en cours d'opérations, entre deux inventaires. Pour certains comptes, tels que Réserve et Frais généraux, cette manière de procéder ne présente nul inconvénient. Mais il n'en est pas de même des subdivisions du compte Marchandises. Si, par exemple, on ouvrait un compte Soieries au débit duquel on porterait seulement les soieries nouvellement achetées, il pourrait être difficile de distinguer dans les ventes les soieries d'ancienne provenance de ces dernières et de savoir, par conséquent, si on doit créditer l'ancien compte ou le nouveau. Mais cet inconvénient n'existe pas lorsqu'il s'agit des subdivisions de Profits et pertes.

Maintenant nous supposons que la maison X reprend ses opérations. Le 1er avril, elle reçoit une facture de B, de Lyon, qui lui adresse des soieries pour la somme de 50 000 fr., et ces marchandises arrivent le lendemain, chargées de 150 fr. de frais de transport. Qui reçoit? Soieries. Qui fournit? B, de Lyon, la facture, et Caisse les frais de transport. On écrit donc le 2 avril :

SOIERIES aux suivants, savoir :

à B., de Lyon, sa facture n°	50 000	50 150
à CAISSE, port de soieries....................	150	

Le même jour, vente au comptant de 1500 fr. de marchandises diverses et de 1000 fr. de soieries : vente en facture à recouvrer de suite de 1200 fr. de soieries. Qui fournit les 1500 fr.? Marchandises. Qui fournit les 1000 et les 1200 fr.? Soieries. Qui reçoit les 1500 fr. et les 1000 fr.? Caisse. Qui reçoit les 1200 fr.? Factures à recouvrer. On écrit donc :

CAISSE aux suivants, savoir :

à MARCHANDISES vte au ct.	1 500	2 500
à SOIERIES *id.*	1 000	

id. id.

FACTURES à RECOUVRER à SOIERIES...........	1 200
Vente à M. Z, à recouvrer.	

Afin de ne pas répéter sans utilité l'inscription d'articles du même genre, jour par jour, comme cela est nécessaire dans la pratique, nous les réunirons en un seul, vers la fin du mois.

Le 3 avril, on reçoit facture de quatre marchands auxquels on a acheté des marchandises diverses. Ces factures s'élèvent l'une à 20 000 fr., l'autre à 5000, l'autre à 12 000 et la quatrième à 3000. Ce sont en tout 40 000 fr. à payer d'un instant à l'autre, parce que les achats, conclus avec un escompte avantageux, doivent être payés comptant. Mais, selon l'usage, les factures ont devancé les marchandises dont le prix ne sera réclamé que quelques jours après, lorsqu'elles arriveront. Toutefois, on veut inscrire l'opération sur les livres au moment même où la facture arrive. Qui reçoit? Marchandises. Qui fournit? Factures à payer. On écrira donc :

MARCHANDISES À FACTURES A PAYER :

Facture	D., de	20 000	40 000
d°	E., de	5 000	
d°	F., de	12 000	
d°	G., de	3 000	

On ne passe que le net des factures sans s'occuper de l'escompte, qui n'est en somme qu'une diminution de prix et qui ne touche aucun compte antérieurement débité ou crédité.

Ces marchandises devant arriver sous peu de jours et être payées aussitôt, il faut se procurer des ressources. On ne trouve en caisse guère plus de 20 000 fr. que l'on veut réserver pour d'autres besoins et que l'on dépose en attendant chez le banquier. Comme les rentes 3 pour 100 se traitent à un prix élevé, on vend celles que la maison possède et on en retire 52 000 fr. qu'on dépose de même directement chez le banquier. Qui reçoit? A, banquier. Qui fournit? Caisse et Rentes. On écrit donc le 4 avril :

A, banquier, aux suivants, savoir :

à CAISSE, espèces déposées..................	20 000	72 000
à RENTES, prix de 2142 fr., rente 3 p. 0/0....	52 000	

Le 5, les marchandises arrivent et il y a 400 francs de frais de transport à payer. Cet article est passé sans difficulté comme les précédents de même sorte.

Quatre lettres de change à deux jours de vue sont présentées pour le payement des marchandises achetées. Elles sont acceptées, payables chez le banquier. Il y a deux manières d'en passer écriture, selon qu'on suppose les lettres payées par le banquier au moment même de l'acceptation, ou qu'on ne fait pas cette supposition. Dans ce dernier cas, c'est-à-dire si l'on passe les écritures conformes à la réalité des choses, la somme est fournie par Effets à payer, et on écrit :

FACTURES A PAYER à EFFETS A PAYER.

Acceptation de la l/		D., de	20 000	40 000
d°	d°	E., de	5 000	
d°	d°	F., de	12 000	
d°	d°	G., de	3 000	

Dans ce cas, lorsque le banquier payera, il faudra passer de nouvelles écritures et dire : Qui reçoit ? Effets à payer. Qui fournit ? A, banquier. Donc :

EFFETS A PAYER à A, banquier.

Acquit de la l/		D., de	20 000	40 000
d°	d°	E., de	5 000	
d°	d°	F., de	12 000	
d°	d°	G., de	3 000	

Dans l'autre cas, au lieu d'inscrire deux fois l'article on aurait écrit tout d'abord : « Factures à payer à A, banquier, etc. »

Le 7, on reçoit l'avertissement du percepteur : il s'élève à 1200 francs. On peut ne payer que les douzièmes échus, négligés dans l'inventaire du 31 mars : On peut préférer s'acquitter sur-le-champ de l'impôt de l'année et payer les 1200 francs. Quelle est la cause de ce payement et qui reçoit ? Contributions. Qui fournit ? A, banquier, que l'on prie de retirer cette quittance. On écrit :

CONTRIBUTIONS à A, banquier :

Acquit des contributions de l'année.................... 1 200

Le même jour on achète pour 50 francs de timbres-poste. Qui reçoit ? Frais généraux, car on suppose ces timbres dépensés en ports de lettre. Qui fournit ? Caisse. On écrit donc :

FRAIS GÉNÉRAUX à CAISSE :

Pour timbres-poste achetés.............................. 50

Le 8, le fermier de la propriété immobilière paye la moitié de son fermage annuel, soit 1000 francs. Si l'immeuble n'avait pas un compte particulier, on dirait : Qu'est cette somme? Un revenu annuel, un profit. Qui la reçoit? Caisse. Qui la fournit? Profits et pertes. On écrirait donc :

CAISSE à PROFITS ET PERTES.

Un semestre de fermage de N.......................... 1 000

Mais comme nous voulons savoir au juste ce que produit et coûte annuellement l'immeuble, comme nous lui avons ouvert un compte, nous supposons que c'est lui qui fournit la somme et nous écrivons :

CAISSE à IMMEUBLE.

Six mois de fermage.................................. 1 000

Tout en payant cette somme, le fermier réclame des réparations à faire à la maison d'habitation, et ces réparations consenties, sont terminées le 25. Le 26, l'ouvrier qui les a faites présente son mémoire qui s'élève à 200 francs. Si l'immeuble n'avait pas de compte séparé, cette somme serait passée par Profits et pertes; mais comme l'immeuble a un compte spécial, on dit : Qui reçoit? Immeuble. Qui fournit? Caisse. Donc on écrira :

IMMEUBLE à CAISSE.

Pour réparations à la maison.......................... 200

Le 9, B, de Lyon, annonce qu'il a tiré sur la maison une lettre de change de 20000 francs payable le 2 octobre, et cette lettre est acceptée. Dès lors, la maison ne doit plus cette somme à B; elle la doit au porteur de la lettre, qu'elle ne connaît pas, mais qui a son compte ouvert aux livres, sous le titre d'Effets à payer. Qui a reçu? B. Qui a fourni? Effets à payer. On écrit :

B, de Lyon, à EFFETS A PAYER.

Acceptation de s/ l/ au 2 octobre....................... 20 000

Ce même jour, B fournit des soieries pour une somme de 45 000 francs et demande à X s'il lui convient de régler cette facture à courte échéance. X n'a pas en caisse toute la somme, mais il se la procure en négociant chez son banquier les 15 000 francs d'effets qu'il a dans son portefeuille. Ces effets, à l'échéance moyenne de 45 jours, sont négociés à 4 pour 100 et supportent, par conséquent, un escompté de 75 francs. La facture de 45 000 francs passible d'un escompte de 3 pour 100 est réduite de 1350 francs. En même temps X règle en un billet à trois mois les 30 000 francs de la facture du 2 avril : il bénéficie, par conséquent, sur cette facture trois mois moins sept jours, soit 83 jours à 6 pour 100 l'an, soit 415 francs.

Tous calculs faits, on dit : Qui reçoit les 15 000 francs d'effets du portefeuille? A, banquier, pour 14 925 francs. Profits et pertes pour 75 francs. Qui fournit? Portefeuille. Écrivons donc : Les suivants à Portefeuille, savoir :

Les suivants à PORTEFEUILLE :		
A, banquier, les eff/ n^{os}	14 925	15 000
PROFITS ET PERT/, escompte de ces eff/......	75	

Qui reçoit les 45 000 francs de marchandises envoyées par B? Soieries. Qui les fournit? En réalité, c'est B ; mais comme ces marchandises sont payées, sous escompte, par une disposition à vue sur A, on peut sans inconvénient supposer qu'elles sont fournies par A. On écrit en conséquence :

SOIERIES à A, banquier.	
Acquit de notre chèque n°	43 650

Pourquoi, dans ce cas, passe-t-on écriture de l'escompte des effets négociés chez le banquier, tandis qu'on ne mentionne pas l'escompte de la facture? Tout simplement parce que les effets figuraient aux livres et qu'il est nécessaire de savoir ce qu'est devenue la somme qu'ils exprimaient pour solder le compte. Au contraire, la facture ne figurait pas aux livres : la somme payée par A représente bien le prix intégral des marchandises qui y étaient énumérées. Si ces marchandises sont achetées à meilleur marché, de telle sorte que leur vente donne un bénéfice plus grand, ce bénéfice apparaîtra lorsqu'on réglera à l'inventaire le compte Soieries. Jusque-là, il n'est besoin d'inscrire que la transformation effective de capitaux qui a eu lieu.

Le 10, il s'agit de passer écriture des 30 000 francs réglés à B par un billet à trois mois de 29 585 francs et un escompte de 415 francs. Qui reçoit en ce cas? B. Qui fournit? Effets à payer et Profits et pertes. On écrit :

B, de Lyon, aux suivants, savoir :

à EFFETS A PAYER n/ b/ au 9 juillet.........	29 585	30 000
à PROFITS ET PERTES esc^{te} de sa f^{re}.........	415	

Ici, l'escompte est mentionné, parce que le montant intégral de la facture était porté aux livres. Si on ne portait pas l'escompte, le compte de B laisserait un solde, indiquant une créance qui n'existe pas en réalité. C'est pour ce motif qu'on mentionne l'escompte.

Le même jour, on envoie recouvrer diverses factures en ville. R, S et T payent le montant des leurs en espèces ; Z règle la sienne, partie en espèces, partie en un effet de son portefeuille, échéance du 20. Qui reçoit? Caisse et Portefeuille. Qui fournit? Divers et Factures à payer. Écrivons donc :

10 id.

CAISSE à DIVERS, savoir :

Espèces reçues de R...............	1 500	2 700
d° de S...............	800	
d° de S...............	400	

id. id.

Les suivants à FACTURES A RECEVOIR, savoir :

CAISSE, reçu de Z.........................	700	1 200
PORTEFEUILLE, reçu de Z., un effet n° .	500	

Le 12, un billet du portefeuille, négocié à A, revient,

chargé de frais de protêt : le souscripteur est tombé en faillite. Mais ce billet, cédé par C, a été protesté en temps utile. Comme on a des égards pour C, on ne s'empresse pas de tirer sur lui par un rechange. On préfère l'aviser de l'incident en le priant de payer au plus tôt. En attendant, il faut passer écriture. Qui reçoit? C, auquel on accorde en réalité un crédit nouveau. Qui fournit? A. On écrit donc :

C, de ...., à A, banquier.

Retour de l'effet n° , protesté................	508 50

Le 15, C fournit, pour couvrir son compte, divers effets de son portefeuille s'élevant ensemble à 11 000 francs et à courte échéance : il y joint une lettre de change de 8000 francs à deux jours de vue sur N, banquier, et fait divers achats dont la somme s'élève à 15 000 francs. Qui reçoit dans la première opération? Portefeuille. Qui fournit? C. Qui reçoit dans la seconde opération? C. Qui fournit? Soieries et marchandises. On écrit donc :

15 id.

PORTEFEUILLE à C, de..

Effet n°	....	19 000
Effet n°	....	
Etc.		

id. id.

C aux suivants, savoir :

à SOIERIES, p^r n/ f^{re} n°	9 000	15 000
à MARCHANDISES, pour même facture.........	6 000	

Aussitôt, la lettre à deux jours de vue est remise à A, banquier. Qui reçoit? A. Qui fournit? Portefeuille. On écrit donc :

A, banquier, à PORTEFEUILLE.

Remise de l'effet n°	8 000

On aurait pu passer directement cette lettre au débit de A, mais alors il n'en serait pas resté trace au portefeuille, ce qui, en cas de perte ou de contestation, aurait pu avoir des inconvénients. Mieux vaut, pour ce motif, passer quelques écritures inutiles.

Mais si, au lieu de remettre une lettre sur N, C avait remis un chèque à présentation, il aurait convenu de le créditer par Caisse, dans le cas où l'on aurait effectivement encaissé le montant du chèque, et par A, si ce chèque avait été remis à celui-ci pour qu'il le récouvrât.

Le 16, un des effets négociés à A revient protesté. C'est un billet dont on veut se couvrir par un rechange sur le premier endosseur, qui est aussi le cédant, Y, avec lequel on n'est pas en compte. S'il avait un compte ouvert, on le débiterait de l'effet retourné ; mais comme il n'en a pas, on débite le compte Divers et on écrit :

DIVERS à A, banquier.

Retour de l'effet n° , protesté................	812	50

Lorsqu'on se rembourse sur Y, par un rechange, on ajoute au premier compte de retour le timbre et quelques jours, soient trois, d'intérêt. Supposons que ces frais s'élèvent à 90 centimes. Qui reçoit? Portefeuille, auquel on remet la lettre de rechange. Qui fournit? Y, ou son représentant Divers pour le retour, Profits et pertes pour les faux frais. On écrira donc :

PORTEFEUILLE aux suivants, savoir :

à DIVERS, pour n/ l/ n°	812	50		
à PROFITS ET PERTES, intérêt et timbre.			813	40

On remarquera sans aucun doute que cette manière de passer écriture présente quelque incorrection, puisque le timbre est fourni et n'est pas un gain. En effet, le timbre est avancé par ce qu'on appelle ordinairement la *petite Caisse*, tenue par un employé auquel on remet par semaine ou par mois une certaine somme destinée à couvrir les menues dépenses dont on passe écriture une fois par mois, par Frais généraux ou par Profits et pertes. Il est naturel que Profits et pertes rentre dans le déboursé qu'il a fait lors de l'achat du timbre, et c'est pourquoi on le crédite de ce petit article lorsqu'il y a lieu, comme dans le cas présent.

Le 20, l'effet remis par Z est protesté et Z lui-même ne le rembourse pas : il faut, pour être payé, exercer des poursuites dont l'issue est incertaine. Comment classer cet effet? Faut-il le faire rentrer au Portefeuille comme un effet non échu? Non, car il en diffère sensiblement et n'a plus toute sa valeur. Faut-il le considérer comme perdu et le porter au débit de Profits et pertes? Ce serait une autre exagération. Mieux vaut sans contredit ouvrir un compte spécial destiné à recevoir les créances de ce genre. Nous pouvons l'appeler *Contentieux,* et nous le considérerons comme une subdivision de Portefeuille. Nous dirons alors : Qui reçoit l'effet protesté? Contentieux. Qui le fournit? Portefeuille. Donc il faut écrire :

CONTENTIEUX aux suivants, savoir :		
à PORTEFEUILLE, pour le retour de l'effet n°	500 »	508 50
à CAISSE, pour frais de protêt..............	8 50	

Tous les frais de recouvrement qui pourront être faits seront portés, comme le protêt, au débit du compte Contentieux. Toutes les rentrées, telles que à-comptes payés ou dividendes de faillites, seront passées à son crédit.

Il convient de passer de même au compte Contentieux toutes les créances d'un recouvrement difficile, et, dans les affaires courantes, toutes celles qui ne sont pas éteintes après un an.

Les ventes au comptant faites jusqu'au 20 s'élèveront, supposons-nous, à 50 000 francs. Elles doivent être inscrites jour par jour, à mesure qu'elles s'effectuent. Mais, pour éviter l'inscription d'articles nombreux et exactement semblables les uns aux autres, nous préférons les enregistrer par masses et écrire :

CAISSE aux suivants, savoir :		
à SOIERIES, vente au c[t]......................	35 000	50 000
à MARCHANDISES, d°......................	15 000	

Nous supposons que cette somme est aussitôt versée chez le banquier.

Le 21, H achète à six mois, avec faculté d'escompter sa facture à 6 pour 100 par an, pour 6000 francs de soieries et 4000 francs de marchandises diverses. Il remet à titre d'à-compte divers effets, à échéance moyenne de cent jours, pour 7000 francs, et reste débiteur du surplus de la somme. Il y a là deux opérations. Qui reçoit dans la première? H. Qui fournit? Marchandises et Soieries. Écrivons :

H, de ...., aux suivants, savoir :

à SOIERIES.	6 000	10 000
à MARCHANDISES.	4 000	

Dans la seconde opération, qui reçoit? Portefeuille. Qui fournit? H. Écrivons :

PORTEFEUILLE à H., de ....

Remise d'un b/ n°	....	1 500	7 000
» d'une l/ n°	....	2 000	
» d'une l/ n°	....	950	
» d'une l/ n°	....	1 075	
» d'une l/ n°	....	1 475	

Le 22, K vient acheter pour 3000 francs de soieries et pour 1800 francs de marchandises diverses. Il règle sa facture par la remise d'une lettre de 2500 francs à quatre mois, d'un billet de 1100 francs à deux mois, et le reste en espèces. Il a droit à deux mois d'escompte sur 2500 francs, à 4 mois d'escompte sur 1100 francs, et à six mois d'escompte sur le reste.

Y a-t-il lieu de débiter K de 4800 francs de marchandises et de le créditer d'égale somme? Non, puisque K règle sa facture à l'instant même et n'a pas de compte ouvert. Il faut débiter de la facture Portefeuille, Caisse et Profits et pertes.

Ne pourrait-on pas se dispenser de débiter Profits et pertes du montant de l'escompte? Oui, s'il n'y avait qu'un compte créditeur, Soieries, par exemple. On supposerait, en ce cas, que les soieries ont été vendues à un prix réduit de tout le montant de l'escompte. Mais comme on a deux comptes créditeurs, savoir Soieries et Marchandises, il faudrait, soit répartir entre eux au marc le franc le montant de l'escompte, ce qui serait long et minutieux, soit déduire cet escompte de la somme dont on crédite, soit Marchandises, soit Soieries, ce qui, sans vicier en rien la comptabilité et les résultats généraux, chargerait un des deux comptes aux dépens de l'autre. Que désirait-on, en effet, lorsqu'on a voulu établir un compte séparé pour soieries? Savoir au juste ce que les marchandises de ce genre auraient coûté et rapporté. Or, si l'on déduisait du prix des soieries la totalité de l'escompte, on les grèverait d'une somme, médiocre il est vrai, mais que ce compte ne doit pas supporter. Mieux vaut donc passer l'escompte par Profits et pertes et écrire :

Les suivants aux suivants, savoir :

PORTEFEUILLE, effet n°	2 500	3 600	
— d° n°	1 100		
CAISSE, vente au c^t		1 117	
PROFITS ET PERTES, escompte de n/ f^re n° .		83	
		800	
à SOIERIES, n/ f^re n°	3 000		4 800
à MARCHANDISES, d° d°	1 800		

Cet article peut donner lieu à plusieurs observations. On remarquera tout d'abord qu'il réunit plusieurs débiteurs et plusieurs créanciers, tandis que les articles passés antérieurement présentaient 1° un créancier et un débiteur; 2° un créancier et plusieurs débiteurs; 3° un débiteur et plusieurs créanciers. Il résulte de là une nécessité que nous n'avions pas encore rencontrée, de relever la somme afférente aux comptes débiteurs et celle afférente aux comptes créanciers, lesquelles se balancent naturellement. Cette circonstance a fait imaginer un système de rédaction d'articles dont nous aurons à nous occuper plus tard.

Un certain nombre d'excellents comptables n'approuvent pas la forme de la rédaction que nous avons adoptée. Ils préfèrent diviser l'article par l'introduction d'un compte à la fois débiteur et créditeur, un compte K, par exemple, ou le compte Divers ; ainsi ils écriront :

DIVERS aux suivants, savoir :			
à SOIERIES, n/ f[re] n°		3 000	4 800
à MARCHANDISES, d°..........................		1 800	
Du même jour.			
Les suivants à DIVERS, savoir :			
PORTEFEUILLE, effet n°	2 500	3 600	4 800
— d° n°	1 100		
CAISSE, vente au c[t]........................		1 117	
PROFITS ET PERTES, escompte de n/ f[re] n°		83	

Ce système de rédaction donne des écritures correctes, tout comme celui que nous avons employé. On ajoute qu'il est plus clair et expose moins le comptable à la confusion. Nous en doutons un peu et nous ne voyons pas distinctement ce qu'on gagne en clarté à l'introduction d'un compte inutile. Si l'attention du comptable est éveillée, une rédaction est aussi claire que l'autre ; si au contraire cette attention est endormie, tout devient obscur.

En somme, il y a des esprits pour lesquels la première de ces rédactions est la plus claire, tandis que d'autres préféreront la seconde. Il convient d'indiquer l'une et l'autre, sans en recommander ni en condamner aucune, parce qu'elles sont également correctes et que la meilleure dans une maison donnée est celle que le comptable comprend le mieux et pour laquelle il a le plus de goût

Le 23, X trouve le propriétaire de la créance hypothécaire dont son immeuble est grevé disposé à vendre son titre sous 6 p. 0/0 d'escompte annuel et il veut profiter de l'occasion pour se libérer. Cette obligation était à un an d'échéance au 1er mars : il n'y a que 54 jours d'intérêts dus : elle est donc passible d'escompte pour 311 jours.

Il y a lieu de prélever à ce titre fr. 516 65. Mais comme X veut prendre une quittance en forme et rayer l'hypothèque, nous supposerons qu'il dépense à cet effet 380 fr., pris dans la caisse de la maison de commerce, tandis qu'il paye son créancier par une disposition de fr. 9483 35 sur A, banquier. — Qui reçoit le montant de l'obligation de 10 000 fr.? Effets à payer. Qui le fournit? Ce sont A, banquier, et Profits et pertes. On écrira :

EFFETS A PAYER aux suivants, savoir :

à A, banquier, n/ chèque n°	9 483 35	10 000
à PROFITS ET PERTES, esc^te de l'oblig^on n°	516 65	

On passera séparément les frais de quittance qui constituent une perte. Qui les reçoit? Profits et pertes. Qui les fournit? Caisse. On écrit :

PROFITS ET PERTES à CAISSE.

Frais de quittance de l'oblig^on hypothécaire. 380

Le 26, on reçoit livraison de marchandises diverses achetées au comptant, sous 3 pour 100 d'escompte. La facture s'élève à 4500 francs et les frais de transport à 70 fr. Les frais de transport sont payés directement par Caisse. Pour la facture, on déduit d'abord 3 pour 100, soit fr. 135, montant de l'escompte, et on acquitte le reste au moyen d'un chèque sur A, banquier. Dans cette opération, qui reçoit? Marchandises. Qui fournit? Caisse et A, banquier : nous ajouterions Profits et pertes, s'il s'agissait d'un compte antérieurement inscrit; mais comme il s'agit d'une opération nouvelle, on peut omettre ce compte sans inconvénient et écrire :

MARCHANDISES aux suivants, savoir :

à CAISSE, frais de transport de..............	70	4 435
à A, banquier, n/ chèque n°	4 365	

Le même jour, C achète à terme pour 6000 fr. de

soieries et pour 3000 fr. de marchandises diverses. On écrit sans difficulté :

C, de ...., aux suivants, savoir :

à SOIERIES, n/ f^{re} n°	6 000	9 000
à MARCHANDISES, d°....................	3 000	

Le même jour, on reçoit de B un lot de soieries de fr. 45 000, dont 20 000 sont payables au comptant, 10 000 en effets de portefeuille et 15 000 restent en compte. On peut, et c'est la rédaction la plus claire, débiter Soieries par B, puis débiter B par Portefeuille et par Caisse ou par A, banquier : cette rédaction donne deux articles, savoir :

SOIERIES à B, de Lyon.

Sa facture n° 45 000

id. id.

B, de Lyon, aux suivants, savoir :

à PORTEFEUILLE, remise de nos effets n° .	10 000	30 000
à A, banquier, n/ chèque n°	20 000	

On peut aussi passer directement écriture de l'opération en un seul article et écrire :

SOIERIES aux suivants, savoir :

à B, de Lyon	15 000	45 000
à PORTEFEUILLE, remise de n/ effets n° .	10 000	
à A, banquier, n/ chèque n°	20 000	

Cette rédaction est plus courte, mais elle n'indique pas que le total de l'opération ait été fait avec B, de Lyon. C'est un fait qu'on ne peut constater qu'en consultant les livres auxiliaires, tandis que la première rédaction le montre à première vue.

Le même jour, un effet du portefeuille vient à échéance ; on le présente et il est recouvré. Cet effet est de

2000 fr. Qui reçoit? Caisse. Qui fournit? Portefeuille. On écrit :

CAISSE à PORTEFEUILLE.

Encaiss[t] de n/ effet n°	2 000

Le même jour encore, on présente le mémoire des réparations faites à la maison de campagne, et ce mémoire, montant à 200 fr., est payé par Caisse. Qui reçoit? Est-ce l'ouvrier? Non, c'est l'Immeuble. Qui fournit? Caisse. On écrit donc :

IMMEUBLE à CAISSE.

Pour réparations, suivant mémoire tel..................	200

Nous attribuerons à ce même jour les ventes au comptant effectuées dans la semaine et s'élevant à 11 000 fr., dont 8000 payés à la caisse et 3000 restent en factures à recouvrer en ville. Sur cette somme, Soieries ont fourni 7000, dont 5000 payés comptant et 2000 à recouvrer, et Marchandises 4000, dont 3000 comptant et 1000 à recouvrer. Nous portons au compte Factures recouvrer les marchandises payables sur-le-champ. On peut passer écriture de ces opérations de plusieurs manières. En les divisant, on dira :

Les suivants à SOIERIES, savoir :

CAISSE, pour vente au comptant.............	5 000	7 000
FACTURES à RECOUVRER.....................	2 000	

Les suivants à MARCHANDISES, savoir :

CAISSE, pour vente au comptant..............	3 000	4 000
FACTURES à RECOUVRER.....................	1 000	

On pourrait écrire aussi en un seul article :

Les suivants aux suivants, savoir :

CAISSE, pour vente au comptant.....	8 000		
FACTURES A RECOUVRER...........	3 000	11 000	
à SOIERIES........................	7 000		
à MARCHANDISES................	4 000		11 000

Nous préférerions la première rédaction; mais nous n'avons pas d'objection sérieuse à élever contre la seconde.

Le même jour, X prend à titre de prélèvement 1500 fr. C'est pour la maison de commerce une diminution de capital, une perte. On pourrait donc imputer cette somme à Profits et pertes; mais puisqu'on a ouvert un compte spécial aux frais généraux, c'est ce compte qui doit en être débité, car les prélèvements ne sont pas autre chose que le salaire du travail fourni à la maison par le chef. On écrira donc :

FRAIS GÉNÉRAUX à CAISSE.

Prélèvement de n/ s/ X.............................. 1 500

Digression sur les articles : « Les suivants aux suivants. »

Les articles, tels que nous les avons passés jusqu'à présent, sont, à parler proprement, des articles de main courante, et c'est ainsi qu'ils sont rédigés dans les maisons où la main courante est tenue en forme de journal. Chaque opération, se trouvant inscrite au moment même où elle a lieu, est complétement séparée de toutes les autres. Lorsqu'on vient à la rédaction du journal, on a devant soi tous les articles d'une journée, et il arrive souvent qu'on juge convenable de les rédiger dans un autre ordre que celui de la main courante.

La plupart des comptables, par exemple, sont dans l'usage de n'inscrire, soit au débit, soit au crédit d'un compte, qu'un seul article par jour, et de réunir en une seule somme toutes les opérations qui constituent un compte débiteur ou créancier.

Essayons l'application de ce principe à nos articles du 26 avril.

Le premier article est au débit du compte Marchandises. Si nous trouvions dans les opérations de la journée un autre article du même genre, nous le joindrions à celui-ci par une addition. Mais, comme il n'existe aucun autre article du même genre, nous laissons celui-ci tel que nous l'avions d'abord inscrit. Il en sera de même des articles passés au débit de C et de Soieries. Mais lorsque nous venons à l'article qui constate le recouvrement d'un effet de 2000 fr., nous observons que cet article n'est pas le seul qui soit passé au débit de Caisse, puisqu'il existe en outre pour 8000 fr. de ventes au comptant. On écrira donc au journal :

CAISSE aux suivants, savoir :

à PORTEFEUILLE, encaiss^t de v/ effet n° ...	2 000	10 000
à SOIERIES, vente au c^t.	5 000	
à MARCHANDISES *id.*	3 000	

Les autres articles seraient passés comme ci-dessus.

On comprend que cette réunion des articles de même nature facilite singulièrement le transport au grand-livre, puisque ce transport se trouve tout préparé, au moins quant au débit, par la rédaction du journal

Mais l'inconvénient reste entier pour le transport des articles du crédit. Nous observons en effet au crédit de Caisse 70 fr. port de marchandises, 200 fr. pour réparations à l'immeuble et 1500 fr. prélevés, en tout 1770 fr. répartis en trois articles. Pour ne dépenser au grand-livre qu'une ligne d'écritures, il faut relever au préalable sur une feuille volante le total de ces trois sommes avant de les inscrire au crédit de Caisse. Il y a là des chances d'erreur, et ce sont le plus souvent des erreurs de ce genre qui rendent difficile et laborieux l'établissement des balances de vérification et des inventaires.

Un grand nombre de comptables ont essayé de remédier à cet inconvénient en rédigeant en un seul article de journal toutes les opérations faites dans la même journée. Pour cela, ils commencent par énumérer les comptes débiteurs et inscrivent la somme due par chacun d'eux. Le total, égal à la somme des opérations de la journée, est inscrit dans une première colonne de caisse. Ensuite on énumère les articles créditeurs, on mentionne la somme due par chacun d'eux et on relève le total dans la seconde et dernière colonne de caisse à droite. Comme le total des crédits doit être égal à celui des débits, le comptable trouve dans la comparaison des deux sommes un moyen de vérification journalière.

Passons en cette forme nos articles du 26 avril. Nous écrirons :

Du 26 id.

Les suivants aux suivants, savoir :

MARCHANDISES	4 435					
C, de	9 000					
SOIERIES	45 000					
CAISSE	10 000					
IMMEUBLE	200					
DIVERS	3 000					
FRAIS GÉNÉRAUX	1 500		73 135	»		
à CAISSE		1 770				
à A, banquier		24 365				
à SOIERIES		13 000				
à MARCHANDISES		7 000				
à B, de Lyon		15 000				
à PORTEFEUILLE		12 000			73 135	»

Les avantages et les inconvénients de cette forme de rédaction sont faciles à indiquer. L'inconvénient le plus apparent est de transformer le journal de telle manière qu'il ne peut plus servir à fournir des renseignements sur le détail des opérations; mais cet inconvénient est peu sensible lorsque les opérations se trouvent détaillées avec soin à la main courante et sur les livres auxiliaires. Quant au reproche adressé à cette manière de rédiger, d'introduire de la confusion dans les écritures, nous ne pouvons absolument l'admettre, parce que les articles ainsi rédigés, ne sont pas moins clairs dans leur ensemble que sur la main courante et présentent au contraire d'une manière plus nette et plus facilement intelligible le résultat général des opérations.

Il est certain que cette forme de rédaction exige un certain travail préparatoire et une attention soutenue du comptable qui tient le journal. Mais nous considérons cette circonstance comme un avantage, parce que ce travail ne peut être évité et qu'il est difficile de le faire à un moment plus opportun que celui de la rédaction du journal.

En effet, si l'on adopte la pratique ordinaire de totaliser en un seul chiffre tous les articles qui doivent être portés soit au crédit soit au débit d'un même compte, au grand-livre, il faudra faire ce travail au moment où on transportera les articles du journal au grand-livre. Or, si on attend ce moment pour le faire, on perd une opportunité de vérification, parce qu'on n'a pas besoin de rechercher si la somme des articles du crédit est égale à la somme des articles du débit, tandis qu'avec la formule « les suivants aux suivants » cette vérification est faite naturellement et sans peine lors de la rédaction du journal.

Dans la pratique, on le voit, la forme de rédaction qui fait du journal une sorte de main courante est préférable dans les maisons qui passent un petit nombre d'articles par jour et qui ne veulent pas employer un certain nombre de livres auxiliaires. La rédaction résumée que nous venons de citer, à titre d'exemple, se trouve préférée dans les maisons où le nombre des articles est tel qu'il faut diviser le travail entre les employés et se servir amplement de livres auxiliaires. Dans ces maisons, le journal, tenu par le principal comptable, résume et contrôle toutes les écritures : la tenue du grand-livre, préparée par la rédaction du journal, ne présente aucune difficulté et peut être confiée à un subalterne.

On peut comprendre, par cette petite digression sur les différentes manières de passer écriture de nos articles du 26 avril, combien la forme des rédactions peut varier sans violation des principes. En effet, ceux-ci restent saufs, quelle que soit la forme adoptée, et le résultat définitif demeure le même. Il n'y a en discussion que le plus ou le moins de facilité pour le travail.

Continuation des exemples.

Nous passerons au journal les articles du 26 comme ceux des jours précédents.

Poursuivons. Le 27 avril, un entrepreneur, qui avait été chargé des travaux d'appropriation du magasin, présente son mémoire, lequel, vérifié et arrêté définitivement, s'élève à 15 500 francs. Ce mémoire est acquitté par Caisse pour 12 500 francs et par un chèque de 3000 francs sur A, banquier. Qui reçoit en ce cas? C'est certainement Frais généraux. Mais si on porte la somme entière à ce compte, ne le surchargera-t-on pas au delà de ce qui convient? En réalité, ces frais ne sont ni pour un mois, ni pour une année, ils sont destinés à servir pendant toute la durée du bail. On peut donc décider qu'on les répartira sur un certain temps et qu'en attendant, on les portera au débit d'un compte spécial que nous appellerons *Établissement.* On considérera ces frais comme un déboursé à restituer à raison de 300 francs par mois jusqu'à ce que le compte soit soldé. Ceci étant convenu, on écrira :

ÉTABLISSEMENT aux suivants, savoir :

à CAISSE, payement des frais d'appropriation du magasin..................................	12 500	15 500
à A, banquier, n/ chèque n° , *id.*	3 000	

Ensuite on écrira :

FRAIS GÉNÉRAUX à ÉTABLISSEMENT :

Pour deux mois d'amortissement	600

On appelle, en effet, « amortissement » des frais de premier établissement cette manière de compter qui s'applique surtout dans l'industrie manufacturière au coût de l'usine et des appareils ou machines.

Il est d'usage de ne passer écriture des articles d'amortissement qu'au moment de faire inventaire, et cela suffit aux exigences les plus rigoureuses.

Passons au 30 avril et supposons que les frais divers du mois étant relevés à la petite caisse, le payement des employés, etc., portent ces frais à 1000 francs. Nous écrirons :

FRAIS GÉNÉRAUX à CAISSE.

Pour frais divers pendant ce mois........................ 1 000

Afin de ne pas multiplier nos exemples sans nécessité, nous supposerons que X, venant à perdre sa femme et devant liquider sa communauté, fait encore une fois inventaire au 30 avril. Il convient d'établir cet inventaire avec toute rigueur, de rechercher exactement, même les petites créances et les petites dettes.

Supposons que la facture du papetier qui a fourni les livres de commerce n'ait pas encore été présentée le 30 avril. On la fait réclamer et on voit qu'elle s'élève à 300 francs. On écrira :

FRAIS GÉNÉRAUX à FACTURES A PAYER.

Prix des livres fournis, suivant facture 300

En réfléchissant aux sommes qu'on peut devoir ou avoir payées, on observe qu'on a payé six mois de loyer et un an de contributions. Cependant le loyer n'a couru que deux mois et les contributions quatre mois. Comme on veut connaître la situation avec toute exactitude, il faut imputer aux frais généraux un mois de loyer et créditer Contributions de quatre mois échus.

Nous trouvons le loyer payé d'avance au débit de notre compte Divers pour fr. 4166 65. Afin de metttre notre situation au net, nous passerons un mois, soit fr. 833 35, par Frais généraux et le reste par Loyers. Nous écrirons donc :

Les suivants à DIVERS, savoir :

FRAIS GÉNÉRAUX, pour un mois de loyer	833	35	4 166	65
LOYERS, p^r loyer payé d'avance...........	3 333	30		

Ce n'est pas tout. Nous remarquerons que les effets en

portefeuille ne sont pas échus et ne valent pas, par conséquent, toute la somme pour laquelle ils figurent aux livres. Pour les ramener en valeur au jour de l'inventaire, il faudrait les escompter fictivement et porter cet escompte au débit de Profits et pertes par un compte spécial appelé Réescomptes. C'est en effet une somme à déduire de l'actif de la maison et on la déduit ainsi lors de l'inventaire dans les maisons de banque où le portefeuille a une grande importance. De là l'article *réescompte du portefeuille*, que l'on voit figurer, par exemple, au bilan de la Banque de France.

Dans les maisons de commerce ordinaires on néglige ce réescompte parce que le portefeuille n'a qu'une importance secondaire, et aussi parce que le réescompte se trouverait ordinairement compensé et au delà par l'intérêt qu'il faudrait déduire de la somme qui exprime les effets à payer. Aussi ne mentionnons-nous le réescompte que pour mémoire.

Mais il est un autre compte d'intérêts qu'il convient de relever, c'est celui du banquier A. Il est convenu avec lui que le compte sera toujours couvert ou créditeur et que les intérêts courront au profit de la maison de commerce à raison de 2 p. 0/0 l'an. Lorsqu'on fait un inventaire définitif, ces intérêts doivent donc être relevés, et l'opération n'est pas difficile si le compte a été tenu régulièrement.

Nous reprenons le compte de A, depuis le 1er mars, et, relevant les intérêts suivant une méthode que nos lecteurs connaissent, nous trouvons qu'il est dû de ce chef à la maison fr. 53 95, dont nous devons débiter A, qui les a reçus. Mais qui a fourni cette somme? Profits et pertes, puisqu'il s'agit d'un gain réalisé. Nous écrirons donc :

A, banquier, à PROFITS ET PERTES

Intérêts du compte courant au 30 avril.................. 53 95

Ces articles inscrits, nous pouvons procéder à l'inventaire et nous commençons par établir notre balance de vérification ainsi qu'il suit :

1	Capital.			145 000	»			145 000	»
2	Marchandises.	174 835	»	155 300	»	19 535	»		
4	Caisse.	86 492	50	85 570	65	921	85		
6	Portefeuille	45 913	40	35 500	»	10 413	40		
9	A, banquier	144 978	95	122 019	65	22 959	30		
11	Effets à payer. . . .	50 000	»	123 615	»			73 615	»
10	Profits et pertes . .	6 850	15	7 298	35			448	20
12	B, de Lyon	50 000	»	65 000	»			15 000	»
7	C, de	38 508	50	19 000	»	19 508	50		
5	Divers	7 679	15	7 679	15				
20	Contributions	1 200	»	400	»	800	»		
21	Loyers.	3 333	30			3 333	30		
14	Immeuble	50 200	»	1 000	»	49 200	»		
16	Rentes	50 000	»	52 000	»			2 000	»
13	Soieries	158 800	»	68 200	»	90 600	»		
15	Réserve			6 000	»			6 000	»
22	Factures à payer. .	40 000		40 300	»			300	»
17	Frais généraux . . .	4 683	35			4 683	35		
19	Contentieux	508	50			508	50		
18	H, de.	10 000	»	7 000	»	3 000	»		
3	Factures à recouv. .	4 200	»	1 200	»	3 000	»		
18	Établissement	14 500	»	600	»	13 900	»		
—		942 682	80	942 682	80	242 363	20	242 363	20

Une fois que la correction générale des écritures se trouve constatée par une balance exacte, il convient d'examiner les comptes d'ordre et de voir s'il n'est pas utile, pour plus de clarté, de disposer des soldes de plusieurs d'entre eux.

Voici, par exemple, le compte Immeuble, que nous avons débité de 50 000 fr. en capital, puis de 200 fr. de réparations, tandis que nous le créditons de 1000 fr. de fermages. Nous avons bien constaté de cette manière que l'immeuble, au lieu d'apporter un produit de 1000 fr., n'avait en réalité donné qu'un produit de 800 fr. Mais voici que maintenant, au jour de l'inventaire, cet immeuble apparaît déprécié de 800 fr., tandis qu'en réalité il a produit ces 800 fr. Comment nous rendre compte par le bilan de la réalité des faits?

Il y a évidemment quelque chose à faire et nous n'y trouverons nulle difficulté, si nous nous rappelons que le compte Immeuble est une subdivision de Marchandises. Que faisons-nous pour connaître à l'inventaire le sens exact de ce dernier compte? Nous inventorions et évaluons les marchandises en magasin; nous créditons de leur valeur le compte Marchandises et nous soldons par Profits et pertes. Procédons de même avec le compte Immeuble et nous trouverons qu'il donne 800 fr. à Profits et pertes.

Nous procéderons de même pour Soieries et pour Rentes. Mais pour ce dernier une difficulté se présente. Il n'y a plus d'existences, parce que toutes les rentes ont été vendues. Tant mieux! puisqu'il n'y a pas d'évaluation à faire et que nous pouvons directement solder par Profits et pertes. En effet, les rentes s'étant vendues plus qu'elles n'avaient coûté, la différence constitue un gain; si elles s'étaient vendues à meilleur marché, la différence constituerait une perte.

Le compte Réserve est une subdivision de Capital : nous ne nous étonnerons pas de le voir créancier, comme Capital.

Le compte Frais généraux est une subdivision de Profits et pertes et doit, pour plus de clarté à l'inventaire, aller se confondre avec celui-ci. Nous le solderons donc par Profits et pertes.

Quant au compte Établissement, on peut s'étonner de le voir débiteur lorsque, en réalité, il exprime une dépense faite. Toutefois, en y réfléchissant, on voit que les frais d'appropriation du magasin constituent une avance, exactement comme le payement du loyer et des contributions, et que cette avance doit être consommée peu à peu, dans la suite des opérations. Il est donc très-régulier qu'elle figure, comme une véritable créance, à l'actif de la maison jusqu'à ce que l'amortissement l'ait éteinte.

Donc, pour procéder à l'inventaire, nous commencerons par solder par Profits et pertes les comptes Rentes et Frais généraux. Nous écrirons :

RENTES à PROFITS ET PERTES.

Bénéfice réalisé sur vente de rentes 3 p. 0/0	2 000

Et ensuite :

PROFITS ET PERTES à FRAIS GÉNÉRAUX.

Frais faits jusqu'à ce jour	4 683 35

Supposons maintenant que, vérification faite des existences et après avoir réduit les marchandises et soieries à une valeur au-dessous de laquelle elles ne puissent être estimées, nous trouvions que les existences du compte Marchandises s'élèvent à 21 465 fr., celles du compte Soieries à 97 400 fr., et celles du compte Immeuble à 50000 fr. Nous écrirons :

BILAN aux suivants, savoir :

à MARCHANDISES,	existences	21 465	168 865
à SOIERIES,	*id.*	97 400	
à IMMEUBLE,	*id.*	50 000	

Et ensuite :

Les suivants à PROFITS ET PERTES, savoir :

MARCHANDISES,	solde de ce c[te]	1 930	9 530
SOIERIES,	*id.* *id.*	6 800	
IMMEUBLE,	*id.* *id.*	800	

Ces opérations faites, le compte Profits et pertes se solde par fr. 7294 85, et il devient facile de dresser le bilan, qui se balance sans difficulté et présente en quelques lignes la véritable situation de la maison de commerce. Nous pouvons l'établir comme suit, dans la forme que l'on donne aux bilans livrés à la publicité :

ACTIF.

Marchandises diverses	21 465	»
Soieries	97 400	»
Immeuble	50 000	»
Caisse	921	85
Portefeuille	10 413	40
A, banquier	22 959	30
C, de	19 508	50
Contributions	800	»
Loyers	3 333	30
Contentieux	508	50
H, de	3 000	»
Factures à recouvrer	3 000	»
Établissement	13 900	»
	247 209	85

PASSIF.

Capital	145 000	»
Réserve	6 000	»
Effets à payer	73 615	»
B, de Lyon	15 000	»
Factures à payer	300	»
Profits et pertes	7 294	85
	247 209	85

Au journal, si on l'y inscrit, et au grand-livre, le bilan prendra la forme ordinaire : il sera transcrit sur le livre des inventaires avec les additions que nous avons indiquées au 31 mars. (Voyez page 33.)

La situation présentée par le bilan est fort claire, parce que la nature des valeurs qui y figurent est nettement indiquée. Au compte Contentieux figure une valeur douteuse : si on ne la croyait pas recouvrable, on la porterait au débit de Profits et pertes ; mais tant qu'on espère la recouvrer, elle figure au compte Contentieux. Les comptes Contributions, Établissement, Loyers, indiquent le montant des sommes engagées définitivement et qui doivent être remboursées par le profit des opérations ultérieures.

— Les bénéfices du mois ressortent à fr. 7294 85. — Les autres comptes actifs ou passifs se comprennent sans peine et sans aucune explication.

LIQUIDATION.

Incidents.

Passons maintenant à l'examen de quelques cas particuliers, notamment à celui des écritures d'une liquidation.

Supposons qu'à l'époque où nous sommes parvenus Mme X étant décédée sans testament, par un accident imprévu, X se trouve tout à coup tenu de rendre compte des droits de sa femme, tant pour la dot que pour le résultat des opérations de la maison de commerce. Puisque, sous le régime de la communauté, les profits et les pertes sont communs, la liquidation de la communauté est nécessaire.

Si les ayants droit de Mme X acceptent l'inventaire du 30 avril, et, considérant comme nulle la valeur du fonds, sont disposés à traiter, on peut effectuer un partage sur cette base. L'actif de la communauté se compose : 1° de 95 000 fr., valeurs mobilières, dot de Mme X ; 2° de 10 000 fr., économies de X; 3° des bénéfices de la maison de commerce, savoir : 6000 fr., mis en réserve, et 7294 85 c., solde du compte Profits et pertes. Il y a donc à partager fr. 118 294 85, dont la moitié s'élève à fr. 59 147 45. On peut convenir que X paiera cette somme et restera propriétaire de tout l'actif de la maison de commerce; on peut convenir aussi que cette maison sera liquidée aux périls et risques de la communauté par X lui-même.

Dans le premier cas, il y aura lieu de débiter Capital les fr. 59 147 45 dont X est devenu débiteur, parce que cette dette, qui n'a pas pour origine les opérations commerciales, est une diminution du capital, tout simplement.

Mais à qui Capital devra-t-il cette somme? On ne peut évidemment l'attribuer à aucun des comptes que nous connaissons jusqu'à présent : il faut l'attribuer à un nouveau compte qui portera le nom de X lui-même. C'est bien à X, en effet, que la maison de commerce, personnifiée par le Capital, doit la somme dont il est question. C'est X qui devient créancier par Capital de la somme de fr. 59 147 45 et il en sera débité par Caisse, par A, ou par Portefeuille, à mesure que cette somme sera payée effectivement. Les comptes qui l'auront fournie, débiteurs de Capital à l'ouverture des livres, se libèrent envers X, comme si Capital eût fait en sa faveur un transfert d'une partie de l'actif de la maison de commerce.

Cette circonstance indique d'une manière très-nette la destination du compte Capital, affecté à l'inscription des entrées ou sorties de valeurs qui résultent, soit des opérations de tout un exercice, soit d'événements étrangers aux opérations courantes. Les sommes que X prend à sa maison de commerce pour liquider sa communauté appartiennent à cette seconde catégorie et sont portées au débit du compte Capital et au crédit de X. — Si, au contraire, X avait reçu par succession ou autrement, une somme qu'il eût voulu placer d'une façon permanente dans sa maison de commerce, on aurait dû en créditer Capital et non Profits et pertes, parce que cette somme, bien qu'elle augmentât le capital, n'aurait pas constitué un gain résultant d'opérations.

On peut résoudre, au contraire, que la maison de commerce de X soit liquidée au compte de la communauté. Si elle était liquidée par vente des marchandises jusqu'à épuisement et paiement du passif, les livres seraient tenus exactement comme si la maison de commerce continuait ses opérations. Mais si la maison est bonne, comme nous l'avons supposé, on liquidera plus avantageusement par la vente du fonds, des marchandises et du droit au bail à lui-même ou à un tiers qui prendra la suite d'affaires. Plaçons-nous dans cette dernière hypothèse.

X vend son fonds de commerce moyennant 100 000 fr.

et dans cette somme se trouve compris le prix de la cession du bail. Les marchandises sont acquises au prix d'inventaire sous déduction de 10 pour 0/0. Les 100 000 fr. sont payés comptant en espèces; les marchandises réglées à diverses échéances à la somme de fr. 106 978 50.

Quel est le véritable compte liquidateur, chargé de recevoir et de payer pour la maison de commerce ? Ce sera, si l'on veut, un compte spécial, mais autant vaut prendre pour cet usage le compte Capital et supposer que chacun des comptes d'ordre qui a reçu des valeurs de lui ou payé pour lui vient se libérer de ce qu'il doit ou réclamer ce qui lui est dû. Acceptons cette donnée.

Les 100 000 fr. payés pour le fonds de commerce et la suite du bail sont passés par Caisse au crédit de Profits et pertes et les fr. 106 978 50, prix auquel les marchandises et soieries ont été vendues, sont inscrits au débit de Portefeuille et au crédit de Marchandises et de Soieries.

Maintenant la maison de commerce n'a plus ni soieries, ni marchandises diverses, ni compte de loyer et de contributions, ni compte de frais de premier établissement. Que faut-il faire? Solder tous ces comptes par Profits et pertes, ainsi qu'il suit :

PROFITS ET PERTES aux suivants, savoir :

à SOIERIES, solde en liquidation..........	9 740	»		
à MARCHANDISES, *id.*	2 146	50		
à CONTRIBUTIONS, *id.*	800	»	29 919	80
à LOYERS, *id.*	3 333	30		
à ÉTABLISSEMENT, *id.*	13 900	»		

Les comptes des créanciers et débiteurs personnels, Factures à recouvrer et à payer, Portefeuille et Effets à payer vont, par le mouvement des affaires, se solder successivement par Caisse.

Pendant le cours de la liquidation, X prend les sommes qui lui sont nécessaires pour s'acquitter des dettes que la mort de sa femme lui a suscitées ou pour faire des placements. Toutes ces sommes sont également passées au débit de Capital. C'est aussi par Capital que l'on solde le compte Immeuble du moment où la maison de commerce ayant cessé d'être, l'immeuble revient à son propriétaire.

Supposons que tous ces comptes, contentieux compris, se soldent par une seule opération et que la réserve, subdivision du capital, soit aussi soldée par celui-ci. Nous passerons les écritures suivantes :

CAISSE aux suivants, savoir :

à PORTEFEUILLE, solde final	....	117 391 90	166 368 20
à A, banquier, id.	....	21 959 30	
à C, de ...., id.	....	19 508 50	
à CONTENTIEUX, id.	....	508 50	
à H, de ...., id.	....	3 000 »	
à FACTURES A RECOUVRER	....	3 000 »	

id. id.

Les suivants à CAISSE, savoir :

EFFETS A PAYER, solde final	....	73 615	88 915
B, de Lyon, id.	....	15 000	
FACTURES A PAYER, id.	....	300	

id. id.

CAPITAL aux suivants, savoir :

à IMMEUBLE, solde final	....	50 000 »	228 375 05
à CAISSE, id.	....	178 375 05	

En cet état, quelle situation présentera notre balance de vérification ? Essayons de l'établir (V. page 69).

Tous nos comptes, on le voit, se trouvent balancés exactement, à l'exception de Capital et de Profits et pertes dont le premier présente un solde passif de fr. 77 375 05 et le second un solde actif de la même somme. Cette balance confirme la correction de nos écritures et nous donne comme résultat définitif de la liquidation un accroissement de capital de fr. 77 375 05. Nous fermons nos écritures en soldant Capital par Profits et pertes, de manière à laisser tous nos comptes soldés.

En cet état, le crédit de Capital exprime la somme totale rendue par la maison de commerce à son propriétaire. Le solde de Capital par Profits et pertes exprime la somme acquise depuis le commencement des opérations.

Capital.........	228 375 05	151 000 »	77 375 05	
Marchandises....	21 465 »	21 465 »		
Caisse	267 290 05	267 290 05		
Portefeuille......	117 391 90	117 391 90		
A, banquier.....	22 959 30	22 959 30		
Effets à payer...	73 615 »	73 615 »		
Profits et pertes .	29 919 80	107 294 85		77 375 05
B, de Lyon......	65 000 »	65 000 »		
C, de...........	15 000 »	15 000 »		
Contributions....	800 »	800 »		
Loyers..........	3 333 30	3333 30		
Immeuble.......	50 000 »	50 000 »		
Soieries.........	97 400 »	97 400 »		
Réserve.........	6 000 »	6000 »		
Factures à payer.	300 »	300 »		
Contentieux	508 50	508 50		
H, de...........	3000 »	3000 »		
Fes à recouvrer ..	3000 »	3000 »		
Etablissement....	13 900 »	13 900 »		
	1 019 257 90	1 019 257 90		

On remarquera peut-être que les fr. 6000 de la réserve qui ont été attribués au crédit de Capital, auraient pu être portés au crédit de Profits et pertes. Le résultat final serait le même, puisque Capital devrait 6000 francs de plus, mais Profits et Pertes lui apporterait un solde plus élevé de 6000 francs. Seulement cette manière de passer écriture ferait ressortir davantage ce fait que le capital s'est accru en cours d'opérations et par les opérations de la maison.

Si le résultat de la liquidation eût été de constater une perte, il est clair que les comptes qui avaient reçu des valeurs de Capital n'auraient pu les lui rendre entières. Par conséquent, ce compte aurait conservé un solde créditeur, tandis que Profits et pertes aurait présenté un solde débiteur exactement égal. D'ailleurs les comptes se seraient soldés l'un par l'autre, comme dans notre exemple.

Liquidation par un tiers.

La liquidation, au lieu d'être faite par le chef de la maison de commerce, peut être confiée à son successeur, lorsque le fonds a été vendu, ou à un syndic, s'il tombe en faillite, et dans d'autres circonstances à d'autres liquidateurs. En ces cas, la liquidation n'apparaît pas aux livres comme une suite d'affaires, parce qu'en effet, sur les livres du liquidateur, ce n'est pas une suite, c'est une affaire qui a, comme toutes les autres, un commencement et une fin. Elle ne donne donc pas lieu à des combinaisons particulières d'écritures.

En effet, cette liquidation apporte au liquidateur un actif et un passif qui viennent se mêler à son actif et à son passif propres, sans en être distingués autrement que par un compte spécial. Supposons qu'au lieu de poursuivre jusqu'au bout sa liquidation lui-même, X l'eût confiée à son successeur, comment les opérations auraient-elles été effectuées et inscrites?

X n'aurait remis ni l'immeuble, qui est inutile à la liquidation de sa maison, ni ses marchandises, que nous avons supposées vendues. Il doit fr. 73 615 par effets à payer, 300 francs par factures à payer et fr. 15 000 à B, de Lyon, en tout fr. 88 915. Nous supposons qu'il cède à son successeur pour faire face à ces engagements ses créances sur A, C et H, les factures à recouvrer et le solde de Contentieux, le tout donnant une somme de fr. 47 976 30 et qu'il y joigne les fr. 10 413 40 d'effets à recevoir. L'actif remis au liquidateur s'élèvera à fr. 58 389 70 et le passif à fr. 88 915. La différence pourra être comblée, soit par une remise d'espèces, soit par une remise des effets dus par le successeur.

Celui-ci ouvrira sur ses livres un compte intitulé X ou Liquidation X. Il créditera ce compte par A, C, H, Portefeuille et Factures à recouvrer. Il le débitera par Effets à payer, Factures à payer et B, de Lyon. Paye-t-il B? Il débite ce compte par Caisse. Reçoit-il une somme de A ou de C ou de portefeuille? Il crédite ces comptes par Caisse et n'inscrit à nouveau des articles au compte Liquidation X que s'il y a lieu d'annuler les premières écritures, comme lorsqu'il s'agit de mentionner le retour d'un effet non payé, une non-valeur. Alors, en effet, il faut constater que la liquidation X n'a pas fourni la somme que l'on supposait d'abord avoir été fournie par elle.

En réalité, le compte Liquidation X ne diffère en rien de celui d'un correspondant ordinaire. On peut remarquer seulement qu'il reste immobile, parce qu'il ne fait plus d'opérations nouvelles et se comporte en réalité comme le compte Capital.

Il est bien entendu que le successeur n'a pas à s'occuper des comptes d'ordre qui avaient été ouverts sur les livres de X, tels que Contributions, Loyers, Établissement, Réserve, Capital, Profits et pertes. Il n'a rien à voir absolument avec ces comptes-là.

Quelques liquidateurs de profession tiennent les livres de chacune des liquidations dont ils sont chargés comme les livres d'une maison de commerce : avec journal et grand-livre spécial à chacune d'elles. Mais cela ne les dispense pas d'ouvrir à leur comptabilité personnelle un compte spécial pour chaque liquidation, lequel est tenu selon les principes que nous venons d'indiquer. Les livres spéciaux à chaque liquidation ne sont en réalité que des auxiliaires, tenus pour ordre, mais qui restent en dehors de la comptabilité générale du liquidateur.

Si le liquidateur, jugeant douteuses les valeurs fournies par une liquidation ou voulant se garder de lui faire des avances, tenait à ouvrir à cette liquidation un compte d'espèces, qui montrât à chaque instant si cette liquidation est ou n'est pas à découvert, s'il peut, ou ne peut payer pour elle, la chose serait facile. Il suffirait d'ouvrir à cette liquidation un second compte, intitulé, par exemple : « Liquidation X, son compte d'espèces. » Ce compte serait crédité de toutes les sommes fournies et débité de toutes les sommes payées par cette liquidation. Que serait-il, en réalité? Une subdivision du compte Caisse dans la comptabilité du liquidateur.

Supposons qu'un effet fourni par la liquidation vienne à être payé. Faudra-t-il en créditer son compte par Caisse? Non, puisque la liquidation était déjà créditée par Portefeuille. Mais on peut fort bien créditer Portefeuille par le compte d'espèces de cette liquidation. De même, on débiterait Effets à payer par ce même compte, si on payait un effet dû par cette liquidation. Dans les inventaires du liquidateur, ce compte serait traité comme le compte Caisse dont il n'est qu'une subdivision, puisque pour avoir le chiffre des espèces en caisse, il faudrait ajouter le solde de ce compte à celui du compte Caisse.

En général, le liquidateur qui juge douteuses les valeurs qui forment l'actif d'une liquidation, ne les fait figurer à sa comptabilité propre que lorsqu'il y a des entrées ou des sorties d'espèces. Mais il est plus régulier d'inscrire ces valeurs en la forme ordinaire, comme on établirait un compte Capital, puisque le compte d'une liquidation n'est pas autre chose. On peut établir d'ailleurs le compte d'espèces sur un carnet auxiliaire, en dehors de la comptabilité générale du liquidateur, en le débitant des sommes payées pour la liquidation en même temps qu'on le crédite des sommes fournies par elle. En tout cas, soit qu'on l'introduise dans la comptabilité générale ou qu'on l'en détache, ce compte reste une subdivision du compte Caisse.

La vente de l'achalandage qui, sur les livres du vendeur lui-même, entre et figure comme un profit inscrit au crédit de Profits et pertes, entre comme toute autre valeur active au crédit général de la liquidation sur les livres d'un liquidateur.

De même, la cession d'un droit au bail qui, sur les livres de la maison de commerce, donnerait lieu à un inscription au crédit de Loyers ou de Profits et pertes, entrerait au crédit général de la maison sur les livres du liquidateur. Pour celui-ci la liquidation n'a point de compte d'ordre particulier : elle reçoit, et alors on la débite des valeurs reçues par elle, ou elle fournit, et alors on la crédite de valeurs fournies.

TENUE DES LIVRES DANS LES MANUFACTURES.

Après avoir étudié avec attention l'exposé qui précède de la méthode des parties doubles, le lecteur doit comprendre sans peine que cette méthode s'applique avec facilité à toutes les exigences des entreprises commerciales et industrielles, quelle que soit leur variété. Ce système de tenue de livres est une lumière que le chef d'entreprise porte sur les points qu'il désire voir distinctement et peut retirer à son gré.

Nous avons choisi un exemple dans le commerce de détail et des tissus. Il est évident à première vue que les formules que nous avons employées peuvent, sauf quelques légères modifications, être adaptées à tous les genres de commerce. Mais on comprend généralement un peu moins comment les parties doubles peuvent être mises au service du manufacturier ou de l'agriculteur pour l'analyse de leurs opérations intérieures et surtout pour la recherche du prix de revient. Quelques explications sur ce point pourront être utiles.

Prenons pour exemple un manufacturier, soit un maître de forges. Ses opérations comme vendeur ou acheteur, comme souscripteur ou preneur de billets et lettres de change ne présentent aucune difficulté, puisque ce sont les mêmes que nous avons rencontrées dans la maison de commerce. Comme celle-ci, il aura, s'il le veut, son compte Établissement, qu'il appellera « Hauts Fourneaux » ou « Laminoirs, Fours à pudler, » etc., s'il veut le subdiviser et dont il déterminera de son mieux l'amortissement. Mais il a dans ses opérations quelque chose que l'on ne trouve pas chez le commerçant, c'est la transformation des capitaux par fabrication et non plus seulement par échange. C'est cette transformation que nous désirons étudier.

Dans la fabrication, la plus grande partie des salaires reçoit une affectation spéciale et ne peut, par conséquent, être portée à Frais généraux ou à Profits et pertes que par les maisons qui ne cherchent pas à se rendre compte de leur prix de revient.

Supposons un maître de forges qui veuille savoir ce qu'il fait le plus exactement possible et allons à son haut fourneau. Il s'agit de savoir ce que coûte la fonte qui en sort chaque jour.

Pour obtenir cette fonte, il faut consommer du minerai, du charbon, de la castine et de la main-d'œuvre. Voilà pour les frais spéciaux. Si l'on veut obtenir une connaissance exacte de ces frais, il faut remonter plus haut et savoir d'abord ce que coûtent le charbon, le minerai, la castine et la main-d'œuvre.

Ouvrons des comptes spéciaux à Minerais, à Charbons, à Castine et à Main-d'œuvre ou Salaires.

Il entre dans l'usine une partie de minerais, soit 100 000 tonnes. Il y a une facture et des frais de transport à payer : facture et frais de transport sont inscrits au débit du compte Minerais. On procédera de même pour Charbons et Castine.

Pour savoir ce que coûte chaque mesure de charbon, de minerai ou de castine, il suffit de comparer les sommes inscrites au débit de chacun de ces comptes aux existences entrées et d'en prendre, par une simple division, le prix moyen.

On portera au débit du compte Salaires toutes les sommes payées à titre de salaires aux ouvriers ou commis employés dans l'usine. On portera au débit de Minerais, de Charbon ou de Castine et au crédit de Salaires, le prix du travail des ouvriers de l'intérieur de l'usine qui pourra avoir été appliqué à chacune de ces matières premières.

Maintenant ouvrons un compte spécial au Haut fourneau et, s'il y en a plusieurs, un compte à chacun d'eux avec son numéro d'ordre. Ce compte sera débité des mesures de minerai, de charbon et de castine qu'il aura consommées pendant les vingt-quatre heures, chacune de ces mesures étant évaluée d'après la base indiquée ci-dessus. Il sera débité également des salaires des ouvriers spécialement occupés à apporter au gueulard les matières premières, à faire écouler les laitiers, à couler la fonte en gueusets et la relever.

Ainsi nos comptes Minerais, Charbons et Castine se trouveraient soldés, comme un compte de Caisse le jour où toutes ces matières seraient consommées entièrement. Leur solde doit présenter la somme de ces matières qui existe dans l'usine, au moment de chaque inventaire.

Le compte Haut fourneau se trouvant débité de tous les frais faits pour obtenir la fonte, on le créditera par un compte spécial ouvert à Fontes. Les évaluations destinées à servir de base aux articles de ce crédit pourront être faites, comme celles des matières premières, d'après les frais spéciaux faits pour produire la marchandise. Il suffira pour les obtenir de diviser la somme dont le Haut fourneau se trouve débité par le nombre de tonnes ou de quintaux de fonte qui en sont sortis, dans un temps donné.

Si le maître de forges arrête là ses opérations et vend ses fontes, nous savons que le compte Fontes n'est autre que le compte Marchandises, que nous connaissons déjà. Mais le maître de forges va plus loin : il fait du fer et la fonte n'est pour lui qu'une matière première. Poursuivons.

Une partie de fontes est livrée aux fours à pudler. Ouvrons un compte spécial à Fours à pudler ou à Laminoirs et créditons par lui le compte Fontes.

Donc nous débiterons Laminoirs par Fontes, de toutes les fontes livrées à l'affinage, par Charbons de tous les charbons consommés pour effectuer l'opération et par Salaires du prix de main-d'œuvre des ouvriers qui y auront été spécialement employés. Nous créditerons ce compte par un autre intitulé Fers en barres ou Marchandises, en procédant, pour l'évaluation des fers, comme nous avons procédé pour celle des charbons et des fontes.

Si l'on ajoutait à cette fabrication celle du fil de fer et

des pointes ou celle des machines, on suivrait sans peine toutes ces opérations et on relèverait le résultat de chacune d'elles au moyen de l'ouverture de comptes spéciaux.

A l'inventaire, nous savons que les comptes Charbons, Minerais, Castines, Fontes, Fers en barres ne sont que des subdivisions du compte Marchandises et doivent être traités comme nous avons traité celui-ci. Les comptes Haut fourneau et Laminoir doivent être soldés ou présenter pour solde la valeur des matières qu'ils ont reçue et qu'ils n'ont pas encore rendue. Ces matières peuvent être restituées pour ordre aux comptes qui les ont fournis.

Mais s'il y a des déchets? Il ne peut y en avoir que par suite d'erreur des personnes qui auront constaté les quantités reçues et livrées ou par des soustractions. C'est au chef à vérifier et à aviser. Le comptable passera ces déchets par Profits et pertes.

On remarquera sans doute qu'en suivant la méthode que nous venons d'indiquer, les matières et marchandises sont évaluées d'après leurs frais spéciaux seulement. Cela suffit au chef d'usine, qui connaît ses frais généraux et sait les répartir sans peine sur les produits définitifs. Mais si on voulait pousser plus loin les recherches au moyen des livres de compte, on le pourrait facilement. On débiterait chaque mois ou chaque année, par exemple, le compte Haut fourneau de l'amortissement, des frais d'entretien et des capitaux engagés dans les magasins à charbon, dans la soufflerie et dans le haut fourneau lui-même et aussi des intérêts des capitaux engagés dans les approvisionnements de matières. On porterait au débit du compte Laminoirs l'amortissement et les frais d'entretien des fours à pudler et des laminoirs, comme aussi l'intérêt des capitaux engagés dans ces appareils et dans les amas de matières premières. Alors il faudrait évidemment évaluer à un prix plus élevé les fontes et les fers inscrits au débit des comptes qui portent ces noms et au crédit de Haut fourneau et de Laminoirs.

La méthode des parties doubles se prête ainsi, à volonté, à toutes les recherches relatives au prix de revient, sans jamais altérer ses procédés. Chacun de ses comptes représente un personnage qui reçoit certaines valeurs à la charge de les restituer ou tout au moins d'en rendre compte. Au moyen de ce procédé unique, toute personne qui a une idée nette des opérations peut obtenir tous les renseignemets qu'elle désire.

TENUE DES LIVRES DANS L'AGRICULTURE.

Les comptes d'ordre, nous venons de le voir, sont plus nombreux dans les manufactures que dans le commerce, parce que les opérations y sont plus compliquées et exigent une analyse plus minutieuse. L'agriculture comporte des comptes d'ordre encore plus nombreux; mais en compensation elle n'a guères de comptes personnels, ni de comptes d'effets à recevoir ou à payer.

Voyons comment pourront être établis les livres d'un fermier.

Il a des instruments de travail, tels que charrues, bêches, herses, de la valeur desquels nous pouvons débiter un compte spécial que nous intitulerons Matériel. Il a des instruments vivants, de la valeur desquels nous pouvons débiter un seul compte intitulé Bétail, divisible à volonté en autant de comptes qu'il y a d'espèces diverses de bétail; comme bœufs, moutons, porcs, etc. Il a des amendements et des engrais dont seront débités deux comptes portant ces deux noms. Les semences feront aussi l'objet d'un compte à part. En cours de travaux, on paye des salaires qui doivent faire l'objet d'un compte spécial. Enfin on obtient des récoltes qui peuvent être portées au débit d'un seul compte ou au débit de plusieurs, tels que foins, pailles, blés, etc. Supposons que les récoltes, comme le bétail, figurent en bloc à un seul compte.

Ensuite la terre affermée sera divisée en autant de lots qu'il y aura de cultures diverses dans l'année, et ces lots, désignés par des numéros d'ordre, auront aux livres chacun un compte spécial.

Ceci étant une fois établi, les opérations de chaque jour vont sans peine s'inscrire aux livres.

Ainsi un labour est donné à la pièce de terre n° 4. Le compte de Terre n° 4 est débité du prix de journée des laboureurs et des attelages. On en créditera Salaires et Bétail, et, si l'on veut être minutieux, Matériel. — Cette même terre est ensemencée : on la débite de la façon et de la valeur de la semence employée, en créditant Salaires, Bétail et Semences.

Un engrais est apporté sur la terre n° 5. On la débite de la façon et de la valeur de l'engrais par Salaires et Engrais.

On marne la terre n° 6. On la débitera de la façon et de la marne par Salaires et Amendements. On aura soin de compter le nombre des années pendant lesquelles la marne améliore la terre, et l'on créditera chaque année par Profits et pertes cette terre du montant d'une annuité. — On pourra aussi créditer Amendements par un compte intitulé Fonds à amortir, et débiter chaque année la terre n° 6 du montant d'une annuité. Cette seconde manière de tenir le compte nous semble préférable à la première.

On débitera Bétail non-seulement du prix d'achat, mais du prix des pailles et fourrages consommés à l'étable et du salaire des bergers et autres ouvriers employés à soigner le bétail : on le créditera par Engrais, par les pièces de terre où auront été employés les attelages et par Caisse, lorsqu'une vente aura lieu.

Le compte Récoltes sera débité de toutes les récoltes que la terre aura produites. Il sera crédité par Caisse, par Portefeuille ou par un acheteur du prix des récoltes vendues, par Bétail des pailles et fourrages, par un compte intitulé Dépenses de maison de toute la partie des récoltes affectée à l'alimentation du fermier, et par Salaires, de ce qui sera donné en nature aux ouvriers employés sur la ferme ou consommé par eux.

Si l'agriculteur joint à la culture proprement dite

d'autres opérations industrielles, comme distillation, fabrication de fécule, etc., il appliquera facilement à cette branche de ses travaux les procédés de comptabilité que nous avons indiqués lorsqu'il s'est agi d'un manufacturier. Ainsi, par exemple, il débitera un compte appelé Distillerie des betteraves qui auront été livrées à la distillation, de la main-d'œuvre et des matières consommées pour distiller : il créditera le même compte des alcools et des pulpes fournis, par un compte Alcools qui sera crédité lors de la vente et par un compte Pulpes, qui sera crédité par Bétail ou par Engrais, selon que les pulpes seront employées comme fourrage ou comme engrais.

On trouvera sans aucun doute que la comptabilité du fermier cultivateur est minutieuse et rebutante par ses détails, comme aussi par l'exiguïté des sommes à inscrire chaque jour. Mais lorsqu'on l'entreprend avec un peu de soin, on la trouve fort simple et très-intéressante. Les opérations de chaque jour sont inscrites à une main courante tenue en forme de journal. Ensuite elles sont relevées au journal et au grand-livre par semaine, par quinzaine ou même par mois. — En réalité la tenue des livres du cultivateur n'est pas pénible et elle lui fournit des renseignements d'une très-grande utilité.

L'inventaire du fermier agriculteur ne présente d'ailleurs aucune difficulté. Les comptes Amendements, Engrais, Bétail, Récoltes, Alcools, etc., sont des subdivisions du compte Marchandises et doivent être traités comme nous avons traité celui-ci. Le compte de chaque pièce de terre qui présente au fermier les résultats détaillés de sa culture peut être soldé si l'on évalue la récolte d'une terre au montant exact des frais spéciaux de culture. Mais on peut, si on le désire, évaluer la récolte au prix courant du marché et solder ces comptes par Profits et pertes.

Il semble au premier abord que ces deux manières de passer écriture doivent donner des résultats très-différents, et cependant elles donnent exactement le même. Voici, par exemple, la terre n° 2 qui produit une partie de récolte que nous évaluons à 20, parce que les frais faits pour l'obtenir se sont élevés à 20. Le compte de cette terre est soldé. Si la récolte avait été évaluée à 30, valeur de marché, la terre n° 2 présenterait un solde créditeur de 10, qui serait porté à Profits et pertes. Mais si la récolte, évaluée à 20, entre pour 20 au débit du compte Récolte, il est clair que ce compte profitera de la plus-value de 10 qui se trouvera lors de l'inventaire ou de la vente, pour être portée, avec toutes les autres du même genre, au crédit du compte Profits et pertes. Mieux vaut, ce nous semble, porter les produits à leur prix de revient jusqu'à ce qu'ils soient effectivement vendus, de manière à n'avoir à solder lors de l'inventaire que les comptes d'existences, comme Récoltes, Bétail, etc.

Avant d'aller plus avant, tâchons de répondre à quelques questions.

Comment évaluer des gerbes de blé que produit une terre avant de savoir ce qu'elles rendent en blé et en paille ? Si on les évalue d'après le débit du compte de la pièce de terre, au prix coûtant, nulle difficulté. Si, au contraire, on veut les évaluer au prix de marché, il faut entrer dans une évaluation un peu arbitraire.

Quel compte supportera les frais de battage ? Voulez-vous connaître exactement ces frais ? Vous aurez un compte intitulé Batteuse ou Battage, qui sera débité des gerbes livrées pour être battues et des frais, puis crédité par Récoltes ou, si ce compte est subdivisé, par Pailles et par Blés. Ne tenez-vous pas à connaître le montant exact des frais de battage et à séparer sur vos livres les pailles des blés ? Vous débiterez le compte Récoltes des frais de battage, et vous le créditerez des pailles, lorsqu'elles passeront aux étables, et des blés lorsqu'ils seront vendus ou livrés à la consommation.

Revenons à l'inventaire. Tous nos comptes d'ordre débités d'objets à évaluer sont des subdivisions du compte Marchandises. On évalue leurs existences ; on crédite ces comptes par Bilan de la valeur de ces existences, et on les balance par Profits et Pertes. Quant aux comptes d'ordre tels que Terre, Distillerie, etc., qui n'ont point d'existences, on les solde par Profits et pertes directement, lorsqu'on ne les a pas soldés tout d'abord par l'évaluation au prix de revient des objets dont ils ont été crédités.

Mais les comptes ouverts aux diverses pièces de terre, qui nous présentent très-clairement les frais spéciaux de culture et leur produit, ne nous donnent pas le prix de revient effectif des récoltes, puisque les frais généraux ne s'y trouvent pas compris. Ces frais généraux sont le prix du fermage de la terre, les contributions foncière, personnelle et mobilière, l'intérêt du capital roulant et le salaire personnel du fermier et de sa famille ou, si l'on veut, son compte Dépenses de maison. Ces Frais généraux vont, à l'inventaire, se solder au débit de Profits et pertes.

Cette exposition de la tenue des livres d'un fermier cultivateur montre l'ignorance de ceux qui demandent ou prétendent dire quel est dans un grand pays le prix de revient de l'hectolitre de blé. En effet, ce prix ne peut jamais être fourni directement par la comptabilité. Il faudrait, pour l'obtenir, relever les quantités de récoltes de chaque espèce produites par la ferme, les évaluer et répartir entre elles, au marc le franc, les frais généraux. On obtiendrait par ce moyen un prix de revient un peu arbitraire et fictif, quoique à peu près exact, pour une ferme. Mais comme le fermage varie pour chaque ferme et comme le mode de culture varie aussi, le prix de revient d'une localité n'est le même que celui de l'autre que par exception et par hasard.

Toutefois il importe beaucoup à l'agriculteur de connaître ses frais spéciaux de culture et des livres bien tenus les lui montrent avec une parfaite exactitude.

Nous avons supposé l'agriculteur fermier. Mais il est souvent propriétaire. En ce cas, il devra ouvrir un compte spécial à la terre ou ferme. Ce compte sera débité de la somme à laquelle la ferme aura été évaluée et de tous les travaux d'amélioration, tels que drainage, creusement de canaux d'irrigation, etc., qui y auront été faits. On pourra, si l'on veut, le créditer par Frais généraux d'un fermage d'évaluation, afin d'avoir le compte exact des frais de la culture proprement dite.

A l'inventaire, le compte Ferme serait crédité par Bilan du prix de la terre et débité par Profits et pertes du fermage porté à son crédit. Ensuite on le solderait par Profits et pertes, si l'on voulait se rendre compte du résultat des travaux d'amélioration.

On observera que, dans ce système, le fermage, inscrit d'abord au débit de Frais généraux, est porté à l'inventaire au crédit de Profits et pertes. On pourrait donc supprimer ce fermage, sans altérer les résultats généraux présentés par les livres; mais en le supprimant, il ne faudrait pas oublier qu'il fait partie des frais généraux réels et doit figurer dans l'évaluation du prix de revient effectif des récoltes.

La comptabilité du cultivateur propriétaire ne diffère d'ailleurs en rien de celle du fermier.

CONSIDÉRATIONS FINALES.

Journal-grand-livre.

Si nous avons exposé clairement les procédés de la tenue des livres en partie double, le lecteur comprend que cette méthode, avec ses principes bien définis, très-clairs et très-fixes, avec ses formules de rédaction à peu près constantes, se prête avec une extrême facilité à la satisfaction des besoins si variables des diverses branches d'industrie et des diverses maisons dans chaque branche. Elle est pour l'entrepreneur d'industrie un serviteur docile, toujours prêt à porter la lumière sur les points intéressants et à laisser dans l'ombre les détails inutiles, sans cesser en aucun cas de présenter avec clarté les résultats d'ensemble.

Il serait facile, en multipliant les exemples, de remplir des volumes de modèles de livres très-nombreux et très-différents les uns des autres et qui présenteraient pourtant le caractère commun de rendre un compte exact des résultats généraux des opérations et de fournir les renseignements que l'on veut en obtenir et pas davantage. Mais ces développements, dont quelques-uns se trouveront dans notre dernier volume, ne seraient pas à leur place ici, puisqu'il ne s'agit que des principes généraux. Celui qui connaît bien ces principes ne saurait d'ailleurs rencontrer dans la pratique aucune difficulté qu'il ne puisse vaincre avec un peu de réflexion.

Dans l'usage de la tenue des livres il convient d'éviter quelques dangers auxquels les comptables n'échappent pas toujours.

Le premier est un attachement invincible à une routine donnée, attachement tel qu'il répugne à la clôture d'un compte d'ordre ancien, à l'ouverture d'un compte nouveau et qu'il attribue à la désignation de ces comptes une importance très-exagérée. Le comptable routinier et superstitieux appliquerait volontiers les mêmes comptes aux maisons les plus différentes et subordonnerait volontiers la direction de la maison à la comptabilité, tandis que la comptabilité et la tenue des livres doivent être rigoureusement subordonnées à la direction industrielle.

Entre les comptables routiniers, on peut placer souvent les comptables novateurs, qui, ayant introduit quelques changements dans la pratique courante, s'y attachent avec passion et veulent partout les appliquer, sans tenir compte des besoins spéciaux des différentes maisons. Une de ces innovations, qui n'est pas sans valeur, mérite d'être signalée et examinée, c'est celle du *Journal-Grand-Livre.*

Un assez grand nombre de comptables ont imaginé d'établir sur un même registre le journal et le grand-livre. Dans ce but, ils ont fait fabriquer des registres très-larges, généralement oblongs, réglés par une colonne de dates à gauche, suivie d'un espace égal à celui que présente un journal ordinaire pour inscrire l'opération. Cet espace est suivi à droite et sur les deux pages d'autant de doubles colonnes de caisse que le papier peut en contenir, dix ou douze, par exemple.

Chacune de ces colonnes de caisse est affectée à un des comptes qui figurent sur les grands-livres ordinaires. Pour chaque compte, la première colonne de caisse à gauche est destinée à l'inscription des articles qui constituent le compte débiteur et la seconde à l'inscription des articles qui le constituent créditeur.

L'avantage cherché par l'introduction du journal-grand-livre consiste en ceci que le comptable embrasse d'un seul coup d'œil tous ses comptes sur la même page et voit facilement, par l'addition qu'il doit faire pour le report à la fin de chaque page si le Doit et l'Avoir des divers comptes se balancent exactement.

Mais cet avantage est chèrement acheté. En effet, quelle que soit la dimension donnée au journal-grand-livre et les incommodités qui en résultent, on ne peut y inscrire qu'un assez petit nombre de comptes, ce qui oblige le plus souvent, soit à tenir des livres auxiliaires supplémentaires, soit à réunir en un seul compte plus d'articles qu'il ne convient à l'intérêt de l'entreprise. Il faut en ce dernier cas, que le chef de la maison sacrifie des renseignements qui lui seraient utiles et que la tenue de livres ordinaire lui fournirait sans peine à la fantaisie du comptable.

Le journal-grand-livre n'admet qu'un petit nombre de détails, à moins qu'on ne le laisse presque tout en blanc.—Enfin, il exige du comptable une attention extrême, puisque rien n'est plus facile que de commettre une erreur dans cette multitude de colonnes, toutes semblables et d'inscrire à l'une l'article qui appartient à l'autre. Alors, comment éviter les grattages qui, d'après la loi et un usage très-respectable, ne doivent jamais être pratiqués sur un journal?

En somme, si le journal-grand-livre peut être toléré par un petit nombre de maisons placées dans des conditions exceptionnelles, nous ne saurions le considérer comme une innovation recommandable et nous croyons que, dans le plus grand nombre des cas, ses inconvénients sont très-supérieurs à ses avantages et qu'il doit être écarté des maisons désireuses d'avoir leurs livres bien tenus.

Si l'on doit se servir de livres auxiliaires pour éclaircir la comptabilité tenue au moyen d'un journal-grand-livre, il vaut mieux le suppléer lui-même par un livre auxiliaire et laisser aux livres principaux la forme ordinaire.

Le livre auxiliaire qui peut remplacer le journal-grand-livre est un livre de soldes, disposé exactement comme le journal-grand-livre, avec cette seule différence qu'après la colonne des dates, il n'y a sur les deux pages qu'une série de doubles colonnes de caisse auxquelles on inscrit chaque jour, à chaque compte, la somme des articles qui le constituent débiteur et créditeur. On obtient par ce moyen tous les avantages du journal-grand-livre et on en évite les graves inconvénients.

Il faut prendre garde d'ailleurs d'apporter plus de luxe qu'il n'est nécessaire dans la tenue des livres et de multiplier les écritures inutiles. La clarté et l'exactitude des résultats généraux sont l'essentiel : on peut sacrifier aussi très-utilement du temps et du travail à subdiviser et détailler lorsque les détails que l'on sépare et relève peuvent éclairer le chef d'entreprise. Mais il n'y a nulle sagesse à se complaire dans la multiplicité des comptes d'ordre sans nécessité, ou dans des résumés laborieux, à faire de l'art pour l'art en un mot. Le vrai comptable a soin de ne négliger aucune écriture utile, mais il se garde d'écrire une seule ligne inutile.

Nous avons montré comment la tenue des livres pouvait être employée à constater et à montrer à l'œil la situation véritable d'une entreprise industrielle en même temps qu'à présenter l'histoire de ses opérations. Mais il ne faut pas ajouter une foi aveugle aux livres les plus régulièrement tenus, parce qu'ils n'expriment tout au plus que la pensée de ceux qui les font écrire et peuvent prendre facilement une apparence mensongère, sans qu'aucune opération y ait été omise.

Ainsi une maison qui croira avoir intérêt à exagérer ses bénéfices ou à dissimuler ses pertes pourra surévaluer ses marchandises à l'inventaire ou simplement ne tenir aucun compte des dépréciations qu'elles pourront avoir subies : ou bien elle n'amortira que peu ou point les capitaux employés en appropriations, machines, etc.; ou bien elle continuera de porter comme bonnes des créances devenues douteuses ou absolument mauvaises. Quelque bonne que soit la tenue des livres, elle n'a pas par elle-même la vertu de faire disparaître ces moyens de tromper.

La tenue des livres, en effet, ne constate que les transmissions et les transformations de capitaux. Elle ne peut constater que les capitaux transmis à telle personne et dus par elle sont perdus : elle ne peut pas constater davantage que des marchandises, des machines, des bâtiments, qui n'ont subi aucune transformation appréciable, ont perdu de leur valeur.

C'est aux chefs de maison, c'est à ceux qui veulent le devenir en achetant des suites d'affaires qu'il convient d'écarter ces causes d'erreur et d'étudier les choses en elles-mêmes et non pas seulement dans les livres de commerce. Ceux-ci ne rapportent après tout que ce qu'on leur a dicté et ne présentent au vrai la situation de la maison qu'autant que les existences de toute sorte qui constituent l'actif ont été évaluées avec intelligence et inscrites de bonne foi à l'inventaire.

Ces appréciations sont au-dessus des attributions du comptable simple teneur de livres et en dehors de ses attributions. Sa fonction n'est pas d'apprécier : elle est d'inscrire ponctuellement et avec exactitude les opérations faites et d'avoir soin que ses livres, proprement et régulièrement tenus, lui fournissent en peu de temps et avec peu de travail une balance de vérification exacte, chaque fois qu'elle pourra être demandée.

NOTE SUR LES PRÉLÈVEMENTS.

La plupart des chefs de maison prennent dans leur caisse les sommes nécessaires à leurs dépenses personnelles, un peu sans compter, et passent ces sommes par Profits et pertes. Cette pratique nous semble mauvaise, parce qu'elle tend à rendre obscur le résultat des opérations. — En effet, si le chef a prélevé peu de chose, le compte Profits et pertes peut présenter un solde créditeur sans que l'entreprise ait rien gagné, tandis que si les prélèvements ont été considérables, le solde de Profits et pertes peut être débiteur, lors même que l'entreprise aurait gagné.

La façon la plus rationnelle de procéder consisterait à évaluer le salaire du chef de maison comme celui d'un employé, et les intérêts de son capital propre dans l'entreprise, et à en créditer par Profits et pertes un compte appelé Prélèvements, ou Levées, ou de tout autre nom. Ce compte serait débité par Caisse ou par tout autre compte des sommes prises par le chef de maison et balancé en fin d'opérations par Capital. En effet, si le chef de maison a pris moins que le montant de son salaire et les intérêts de son capital propre, il a ajouté au capital de l'entreprise ; s'il a prélevé davantage, il a diminué le capital de l'entreprise. — Il va sans dire que s'il existe aux livres un compte Réserve, c'est ce compte et non Capital qu'il convient de créditer ou débiter en fin d'exercice par Prélèvements.

Avec cette manière de passer écriture, le compte Profits et pertes présente exactement le résultat des opérations en fin d'exercice, indépendamment des dépenses médiocres ou excessives, mais en tout cas arbitraires du chef de maison.

JOURNAL.

	Du 1er mars 18..			
1	Les suivants à CAPITAL, savoir :			
2	MARCHANDISES, terre. 50 000	100 000		
	» rente 3 p. 0/0..... 50 000			
4	CAISSE, pr espèces reçues.....	25 000		
6	PORTEFEUILLE, lettres et b/nos	20 000		
9	A, banquier, s/ c/ c/t.........	10 000	155 000	»
	id. id.			
1	CAPITAL à EFFETS A PAYER.			
11	Contrat en fr de G..................		10 000	»
	id. id.			
10	PROFITS ET PERTES à CAISSE.			
4	Six mois de loyer payés ce jour..........		5 000	»
	id. id.			
2	MARCHANDISES à B, de Lyon.			
12	Ses factures n°		85 000	»
	Du 3 id.			
2	MARCHANDISES aux suivants, savoir :			
4	à CAISSE....................	15 000		
6	à PORTEFEUILLE....	15 000		
9	à A, banquier.................	9 000	39 060	»
	Du 4 id.			
2	Les suivants à MARCHANDISES, savoir :			
4	CAISSE, pr vente au ct.........	2 500		
7	C, de ...., n/ fre n°	1 000	3 500	»
	Du 8 id.			
6	PORTEFEUILLE, à C, de			
7	Pour les effets nos		12 000	»
	Du 10 id.			
4	CAISSE à PORTEFEUILLE.			
6	Encaisst du b/ n°		2 000	»
	Du 25 id.			
2	Les suivants à MARCHANDISES, savoir :			
4	CAISSE, pr ventes au ct........	70 000		
7	C, de ...., n/ fres..................	25 000	95 000	»

Folio	Article	Francs	Cent.
	Du 25 id.		
9	A, banquier, à CAISSE.		
4	Versement fait chez lui.	60 000	»
	id. id.		
12	B, de Lyon, aux suivants, savoir :		
9	à A, banquier, n/ chèque de fr. 60 000		
11	à EFFETS A PAYER, n/ b/ n° . 24 030		
10	à PROFITS ET PERTES, esc^{te}. 970	85 000	»
	Du 26 id.		
10	PROFITS ET PERTES, à CAISSE.		
4	Prélèvement de n/ s/ X................	1 000	»
	id. id.		
4	CAISSE à PROFITS ET PERTES.		
10	Coupons de rente 3 p. 0/0...............	535	50
	Du 31 id.		
10	PROFITS ET PERTES, à CAISSE.		
4	Frais divers du mois..................	500	»
	id. id.		
5	DIVERS à MARCHANDISES, savoir :		
2	R., n/ f^{re} n° 1 500		
	S., n/ f^{re} n° 800		
	T., n/ f^{re} n° 400	2 700	»
	Du 31 id.		
10	Les suivants à PROFITS ET PERTES, savoir :		
2	MARCHANDISES, pour solde à l'inventaire................ 7140 »		
5	DIVERS, pour loyer payé d'avance 4166 65	11 306	65
	id. id.		
	BILAN aux suivants, savoir :		
2	à MARCHANDISES, existences constatées................. 130000 »		
4	à CAISSE, espèces........... 18475 50		
6	à PORTEFEUILLE, effets n°s 15000 »		
9	à A, banquier, solde......... 1000 »		
7	à C, de ...., d° .... 14000 »		
5	à DIVERS, d° 6866 65	185 342	15
	id. id.		
	Les suivants à BILAN, savoir :		
1	CAPITAL p^{r} solde à l'inventaire 145000 »		
11	EFFETS A PAYER, d°....... 34030 »		
10	PROFITS ET PERTES, d°.... 6312 15	185 342	15

Folio	Libellé	Détail	Total	
	Du 1er avril 1867.			
10	PROFITS ET PERTES aux suivants, savoir :			
4	à CAISSE, gratification aux employés.	312 15		
15	à RÉSERVE, transport à ce compte..	6000 »	6 312	15
	id. id.			
2	Les suivants à MARCHANDISES, savoir :			
14	IMMEUBLE, la propriété N.........	50 000 »		
16	RENTES, 2142 fr. de rente 3 p. 0/0..	50 000 »		
13	SOIERIES, suivant inventaire.......	20 000 »	120 000	»
	2 id.			
13	SOIERIES aux suivants, savoir :			
12	à B, de Lyon, sa facture du........	50 000 »		
4	à CAISSE, port de cet envoi........	150 »	50 150	»
	id. id.			
4	CAISSE aux suivants, savoir :			
2	à MARCHANDISES, vente au comptant.	1500 »		
13	à SOIERIES, d° d°	1000 »	2 500	»
	id. id.			
3	FACTURES A RECOUVRER à SOIERIES :			
13	Vente à M. Z.... à recouvrer...		1 200	»
	3 id.			
2	MARCHANDISES à FACTURES A PAYER :			
22	Facture D, de....................	20 000 »		
	d° E, de....................	5 000 »		
	d° F, de....................	12 000 »		
	d° G, de....................	3 000 »	40 000	»
	4 id.			
9	A, banquier, aux suivants, savoir :			
4	à CAISSE, espèces déposées.........	20 000 »		
16	à RENTES, prix de 2142 de r[te] 3 p. 0/0.	52 000 »	72 000	»
	5 id.			
2	MARCHANDISES à CAISSE :			
4	Port de marchandises diverses................		400	»
	6 id.			
22	FACTURES A PAYER à EFFETS A PAYER :			
11	Acceptation de la lettre D, de.......	20 000 »		
	à reporter...........	20 000 »		

Folio	Libellé	Détail		Total	
	Report..........	20 000	»		
	Acceptation de la lettre E, de.......	5 000	»		
	d° d° F, de.......	12 000	»		
	d° d° G, de.......	3 000	»	40 000	»
	Du 7 avril 1867.				
17	FRAIS GÉNÉRAUX à CAISSE :				
4	Achat de timbres-poste.....................			50	»
	id. id.				
20	CONTRIBUTIONS à A, banquier :				
9	Acquit des contributions de l'année............			1200	»
	8 id.				
4	CAISSE à IMMEUBLE :				
14	Six mois de fermage, payés par L. J............			1 000	»
	9 id.				
12	B, de Lyon, à EFFETS A PAYER :				
11	Acceptation de ses lettres au 2 octobre.........			20 000	»
	id. id.				
6	Les suivants à PORTEFEUILLE, savoir :				
9	A, banquier, les effets n^os^.........	14 925	»		
10	PROFITS ET PERTES, escompte de ces effets........................	75	»	15 000	»
	id. id.				
9	Les suivants à A, banquier, savoir :				
11	EFFETS A PAYER, acquit de la l/ D, de	20 000	»		
	d° d° E, de	5 000	»		
	d° d° F, de	12 000	»		
	d° d° G, de	3 000	»		
13	SOIERIES, acquit de n/ chèque n°...	43 650	»	83 650	»
	10 id.				
12	B, de Lyon, aux suivants, savoir :				
11	à EFFETS A PAYER, n/ b/ au 10 juillet.	29 585	»		
10	à PROFITS ET PERTES, esc^te^ de sa f^re^.	415	»	30 000	»
	id. id.				
4	CAISSE à DIVERS, savoir :				
5	Pour espèces reçues de R............	1500	»		
	d° de S............	800	»		
	d° de T............	400	»	2 700	»

Folio	Libellé	Détail	Fr.	C.
	Du 10 avril 1867.			
3	Les suivants à FACTURES A RECOUVRER, savoir :			
4	CAISSE, espèces reçues de Z..........	700 »		
6	PORTEFEUILLE, p[r] un effet n° de Z.	500 »	1 200	»
	12 id.			
7	C, de.... à A, banquier :			
9	Retour de l'effet n° protesté................		508	50
	15 id.			
6	PORTEFEUILLE à C, de.... :			
7	Effet n°	2000 »		
	d° n°	9000 »		
	d° n°	8000 »	19 000	»
	id. id.			
7	C, de.... aux suivants, savoir :			
13	à SOIERIES, n/ facture n°	9000 »		
2	à MARCHANDISES, d°	6000 »	15 000	»
	id. id.			
9	A, banquier, à PORTEFEUILLE :			
6	Remise de l'effet n° au 18 c[t]...............		8 000	»
	16 id.			
5	DIVERS à A, banquier :			
9	Retour de l'effet n° protesté...............		812	50
	id. id.			
	PORTEFEUILLE aux suivants, savoir :			
6	à DIVERS, pour n/ l/ n°..........	812 50 »		
5	à PROFITS ET PERTES, intérêt et [illegible]			
10	timbre........................	90 »	813	40
	20 id.			
19	CONTENTIEUX aux suivants, savoir :			
6	à PORTEFEUILLE, retour de l'effet n°	500 »		
4	à CAISSE, pour frais de protêt.........	8 50	508	50
	id. id.			
4	CAISSE aux suivants, savoir :			
13	à SOIERIES, vente au c[t] à ce jour...	35 000 »		
2	à MARCHANDISES, d° d°	15 000 »	50 000	»
	id. id.			
9	A, banquier, à CAISSE :			
4	Versement effectué ce jour....................		50 000	»

	Du 21 avril 1867.			
18	H, de.... aux suivants, savoir :			
13	à SOIERIES, n/ f^re n°................	6000 »		
2	à MARCHANDISES d°	4000 »	10 000	»
	id. id.			
6	PORTEFEUILLE à H, de.... :			
18	Remise d'un b/ n°	1500 »		
	d° d'une l/ n°	2000 »		
	d° d'une l/ n°	950 »		
	d° d'un b/ n°	1075 »		
	d° d'une l/ n°	1475 »	7 000	»
	22 id.			
	Les suivants aux suivants, savoir :			
4	CAISSE, vente au c^t........... 1117 »			
10	PROFITS ET P., esc^te sur n/ f^re n° 83 »			
6	PORTEF., effet n° . 2500 » } 3600 »			
	d° n° . 1100 » }			
	4800			
13	à SOIERIES, n/ f^re n°................	3000 »		
2	à MARCHANDISES, d°	1800 »	4 800	»
	23 id.			
11	EFFETS A PAYER aux suivants, savoir :			
9	à A, banquier, n/ chèque n°..........	9483 65		
10	à PROFITS ET PERTES, escompte de l'obligation n°	516 35	10 000	»
	id. id.			
10	PROFITS ET PERTES à CAISSE :			
4	Frais de quittance de l'obligation n°............		380	»
	26 id.			
2	MARCHANDISES aux suivants, savoir :			
4	à CAISSE, pour frais de transport.....	70 »		
9	à A, banquier, n/ chèque n°	4365 »	4 435	»
	id. id.			
7	C, de.... aux suivants, savoir :			
13	à SOIERIES, n/ f^re n°................	6000 »		
2	à MARCHANDISES, d°	3000 »	9 000	»
	id. id.			
13	SOIERIES aux suivants, savoir :			
12	à B, de Lyon......................	15 000 »		
	à reporter.........	15 000 »		

	Report.........	15 000 »		
6	à PORTEFEUILLE, remise des effets n°	10 000 »		
9	à A, banquier, n/ chèque n°	20 000 »	45 000	»
	Du 26 avril 1867.			
4	CAISSE aux suivants, savoir :			
6	à PORTEFEUILLE, encaiss^t de l'effet n°	2000 »		
13	à SOIERIES, vente au c^t............	5000 »		
2	à MARCHANDISES id.	3000 »	10 000	»
	id. id.			
14	IMMEUBLE à CAISSE :			
4	Pour réparations, mémoire N, acquitté.........		200	»
	id. id.			
3	FACTURES A RECOUVRER aux suivants, savoir :			
13	à SOIERIES, f^res à recouvrer........	2000 »		
2	à MARCHANDISES, id.	1000 »	3 000	»
	id. id.			
17	FRAIS GÉNÉRAUX à CAISSE :			
4	Prélèvement de n/ s^r X....................		1 500	»
	27 id.			
8	ÉTABLISSEMENT aux suivants, savoir :			
4	à CAISSE, frais d'approp^on du magasin.	11 500 »		
9	à A, banquier, n/ chèque n° id.	3 000 »	14 500	»
	30 id.			
17	FRAIS GÉNÉRAUX aux suivants, savoir :			
22	à FACTURES A PAYER, livres fournis par G, papetier..........................	300 »		
5	à DIVERS, pour un mois de loyer....	833 35		
20	à CONTRIBUTIONS, p^r mois échus à ce jour.............................	400 »		
8	à ÉTABLISSEMENT, amort^t de 2 mois...	600 »		
4	à CAISSE p^r frais divers du mois......	1000 »	3 133	35
	id. id.			
9	A, banquier, à PROFITS ET PERTES :			
10	Intérêts de son c/ c/.........................		53	95
	id. id.			
21	LOYERS à DIVERS :			
5	Pour loyers payés et non échus................		3333	30

Du 30 avril 1867.

10	Les suivants à GAINS ET PERTES, savoir :				
16	RENTES, bénéf. à la vente de 3 p. 0/0.	2000	»		
2	MARCHANDISES, solde de ce compte.	1930	»		
13	SOIERIES, id. id........	6800	»		
14	IMMEUBLE, id. id.......	800	»	11 530	»
	id. id.				
10	PROFITS ET PERTES à FRAIS GÉNÉRAUX :				
17	Solde de ce c^te à l'inventaire..................			4 683	35
	id. id.				
	BILAN aux suivants, savoir :				
2	à MARCHANDISES................	21 465	»		
13	à SOIERIES......................	97 400	»		
14	à IMMEUBLE.....................	50 000	»		
4	à CAISSE........................	921	85		
6	à PORTEFEUILLE................	10 413	40		
9	à A, banquier....................	22 959	30		
7	à C, de..........................	19 508	50		
20	à CONTRIBUTIONS..............	800	»		
21	à LOYERS........................	3 333	30		
19	à CONTENTIEUX.................	508	50		
18	à H, de..........................	3 000	»		
3	à FACTURES A RECOUVRER......	3 000	»		
8	à ÉTABLISSEMENT...............	13 900	»	247 209	85
	id. id.				
	Les suivants à BILAN, savoir :				
1	CAPITAL..........................	145 000	»		
15	RÉSERVE........................	6 000	»		
11	EFFETS A PAYER................	73 615	»		
12	B, de Lyon......................	15 000	»		
22	FACTURES A PAYER.............	300	»		
10	PROFITS ET PERTES............	7 294	85	247 209	85

LIQUIDATION.

Folio	Libellé	Détail	c.	Total	c.
	Du 6 mai				
4	CAISSE à PROFITS ET PERTES :				
10	Prix du fonds de commerce....................			100 000	»
	id. id.				
6	PORTEFEUILLE aux suivants, savoir :				
2	à MARCHANDISES, régl[ts] de Y....	19 318	50		
13	à SOIERIES, d° d°...	87 660	»	106 978	50
	id. id.				
10	PROFITS ET PERTES aux suivants, savoir:				
2	à MARCHANDISES, solde final.....	2 146	50		
13	à SOIERIES, id.	9 740	»		
20	à CONTRIBUTIONS, id.	800	»		
21	à LOYERS, id.	3 333	30		
8	à ÉTABLISSEMENT...............	13 900	»	29 919	80
	id. id.				
4	CAISSE aux suivants, savoir :				
6	à PORTEFEUILLE..............	117 391	90		
9	à A, banquier..................	22 959	30		
7	à C, de........................	19 508	50		
19	à CONTENTIEUX...............	508	50		
18	à H, de........................	3 000	»		
3	à FACTURES A RECOUVRER....	3 000	»	166 368	20
	id. id.				
4	Les suivants à CAISSE, savoir :				
11	EFFETS A PAYER................	73 615	»		
12	B, de Lyon......................	15 000	»		
22	FACTURES A PAYER.............	300	»	88 915	»
	id. id.				
1	CAPITAL aux suivants, savoir :				
14	à IMMEUBLE, solde final.........	50 000	»		
4	à CAISSE, id.	178 375	05	228 375	05
	id. id.				
15	RÉSERVE à CAPITAL :				
1	Transport pour liquider......................			6 000	»
	id. id				
10	PROFITS ET PERTES à CAPITAL :				
1	Solde définitif de la liquidation................			77 375	05

GRAND-LIVRE

DOIT. CAPI-

18..					
Mars.	1er	à Effets à payer..........	1	10 000	»
		Solde à nouveau.........		145 000	»
				155 000	»
Mai.	6	à plus/ c^tes^...............	9	228 375	05

DOIT. 2 MARCHAN-

18..					
Mars.	1er	à plusieurs comptes......	1	185 000	»
	3	d° d°	1	39 060	»
	31	à Profits et pertes........	2	7 140	»
				231 200	»
		Solde ancien............		130 000	»
Avril.	3	à Factures à payer........	3	40 000	»
	5	à Caisse.................	3	400	»
	26	à plus/ c^tes^...............	6	4 435	»
	30	à Profits et pertes........	8	1 930	»
				176 765	»
		Solde ancien............		21 465	»

DOIT. 3 FACTURES

18..					
Avril.	2	à Soieries...............	3	1 200	»
	26	à plus/ c^tes^	7	3 000	»
				4 200	»
		Solde ancien............		3 000	»

LIVRE.

TAL. 1 AVOIR.

18.. Mars.	1er	Par plusieurs comptes....	1	155 000	»
				155 000	»
		Solde ancien............		145 000	»
Mai.	6	Par plus c^tes^...........	9	83 375	05
				228 375	05

DISES. 2 AVOIR.

18.. Mars.	4	Par pl. c^tes^...............	1	3 500	»
	25	d° d°...............	2	95 000	»
	31	Par Divers...............	2	2 700	»
		Solde à nouveau.........		130 000	»
				231 200	»
Avril.	1er	Par plus/ c^tes^...........	3	120 000	»
	2	Par Caisse..............	4	1 500	»
	15	Par C, de	5	6 000	»
	20	Par Caisse..............	5	15 000	»
	21	Par H, de...............	6	4 000	»
	22	Par plus/ c^tes^	6	1 800	»
	26	Par *id.*	6	7 000	»
		Solde à nouveau		21 465	»
				176 765	»
Mai.	6	Par plus/ c^tes^	9	21 465	»

A RECOUVRER. 3 AVOIR.

18.. Avril.	10	Par plus/ c^tes^.	5	1 200	»
		Solde à nouveau.		3 000	»
				4 200	»
Mai.	6	Par Caisse...............	9	3 000	»

DOIT. CAISSE.

18..					
Mars.	1er	à Capital...............	1	25 000	»
	4	à March/...............	1	2 500	»
	10	à Portef/...............	2	2 000	»
	25	à March/...............	2	70 000	»
	26	à Profits et p...........	2	535	50
				100 035	50
		Solde ancien............		18 475	50
Avril.	2	à plus/ c[tes]	3	2 500	»
	8	à Immeuble............	4	1 000	»
	10	à plus/ c[tes]	4-5	3 400	»
	20	*id.*	5	50 000	»
	22	*id.*	6	1 117	»
	26	*id.*	7	10 000	»
				86 492	50
		Solde ancien............		921	85
Mai.	6	à plus/ c[tes]............	9	266 368	20
				267 290	05

DOIT. B DI-

18..					
Mars.	31	à plus/ c[tes]..............	2	6 866	65
				6 866	65
		Solde ancien............		6 866	65
Avril.	16	à A, banquier............	5	812	50
				7 679	15

CAISSE. AVOIR.

18.. Mars.	1er	Par Profits et pertes......	1	5 000	»
	3	Par March/.............	1	15 060	»
	25	Par A..................	2	60 000	»
	26	Par Profits et pertes......	2	1 000	»
	31	Par Profits et pertes.....	2	500	»
		Solde à nouveau.........		18 475	50
				100 035	50
Avril.	1er	Par plus c[tes].............	3	312	15
	2	Par Soieries...........	3	150	»
	4	Par A, banquier..........	3	20 000	»
	5	Par Marchandises........	3	400	»
	7	Par Frais généraux.......	4	50	»
	20	Par plus c[tes].............	5	50 008	50
	23	Par Profits et pertes......	6	380	»
	26	Par plus/ c[tes]............	6-7	1 770	»
	27	Par Établiss[t]............	7	11 500	»
	30	Par Frais génér/..........	7	1 000	»
		Solde à nouveau.........		921	85
				86 492	50
Mai.	6	Par plus/ c[tes]............	9	267 290	05

VERS. 5 AVOIR.

		Solde à nouveau.........		6 866	65
				6 866	65
18.. Avril.	10	Par Caisse..............	4	2 700	»
	16	Par Portefeuille..........	5	812	50
	30	Par plus/ c[tes].	7	4 166	65
				7 679	15

DOIT. PORTE-

18..					
Mars.	1er	à Capital................	1	20 000	»
	8	à C, de..................	1	12 000	»
				32 000	»
		Solde ancien............		15 000	»
Avril.	10	à Factures à recouvrer....	5	500	»
	15	à C, de	5	19 000	»
	16	à plus/ ctes	5	813	40
	21	à H, de.................	6	7 000	»
	22	à plus/ ctes	6	3 600	»
				45 913	40
		Solde ancien............		10 413	40
Mai.	6	à plus/ Ctes.............	9	106 978	50
				117 391	90

DOIT. 7 C,

18..					
Mars.	4	à March/...............	1	1 000	»
	25	id. id..................	2	25 000	»
				26 000	»
		Solde ancien............		14 000	»
Avril.	12	à A, banquier..........	5	508	50
	15	à plus/ ctes	5	15 000	»
	26	*id.*	6	9 000	»
				38 508	50
		Solde ancien............		19 508	50

DOIT. 8 ÉTABLIS-

1867.					
Avril.	27	à plus/ ctes..............	7	14 500	»
				14 500	»
		Solde ancien............		13 900	»

FEUILLE AVOIR.

18.. Mars.	3	Par March/............	1	15 000	»
	10	Par Caisse...............	2	2 000	»
		Solde à nouveau.........		15 000	»
				32 000	»
Avril.	9	Par plus/ c[tes]	4	15 000	»
	15	Par A, banquier.........	5	8 000	»
	20	Par Contentieux..........	5	500	»
	26	Par plus/ c[tes]...........	7	12 000	»
		Solde à nouveau.........		10 413	40
				45 913	40
Mai.	6	Par Caisse..............		117 391	90.

DE.... 7 AVOIR.

18.. Mars.	8	Par Portefeuille..........	1	12 000	»
		Solde à nouveau.........		14 000	»
				26 000	»
Avril.	15	Par Portefeuille..........	5	19 000	»
		Solde à nouveau....... .		19 508	50
				38 508	50
Mai.	6	Par Caisse..............	9	19 508	50

SEMENT. 8 AVOIR.

18.. Avril.	30	Par Frais généraux	7	600	»
		Solde à nouveau.........		13 900	»
				14 500	»
Mai.	6	Par Profits et pertes......	9	13 900	»

DOIT. A, BAN-

						époque		
Mars 18..	1er	1	10 000	»	à Capital.			
	25	2	60 000	»	à Caisse.	25	250	»
			70 000	»				
			1 000	»	Solde ancien			
Avril.	4	3	72 000	»	à plus/ comptes	35	420	»
	9	4	14 925	»	à Portefeuille	40	99	50
	15	5	8 000	»	id. valeur au 18	49	52	»
	20	5	50 000	»	à Caisse	51	423	70
	30	7	53	95	Int. à 2 p. 0/0. Bal. des int/		161	90
							1407	10
			214 978	95				
			22 959	30	Solde ancien, 30 avril 1867.			

DOIT. 10 PROFITS ET

18.. Mars.	1er	à Caisse	1	5 000	»
	26	à Caisse	2	1 000	»
	31	à Caisse	2	500	»
		Solde à nouveau		6 312	15
				12 812	15
	1er	à plus/ ctes	3	6 312	15
	9	à Port-feuille	4	75	»
	22	à plus/ ctes	5	83	»
	23	à Caisse	6	380	»
	30	à Frais généraux	7	4 683	35
		Solde à nouveau	8	7 294	85
				18 828	35
Mai.	6	à plus/ ctes	9	29 919	80
		à Capital, solde	9	77 375	05
				107 294	85

QUIER, à.... AVOIR.

Mars 18 .	3	1	9 000	»	Par Marchandises.	3	4	50
	25	2	60 000	»	Par B. de Lyon.	25	250	»
			1 000	»	Solde à nouveau			
			70 000	»				
Aril	7	4	1 200	»	Par Contributions.	38		60
	9	4	83 650	»	Par plus/ comptes.	40	557	35
	12	5	508	50	Par C, de	43	3	65
	16	5	812	50	Par Divers. . . . . , .	47	6	35
	23	6	9 483	65	Par Effets à payer.	54	84	35
	26	6	24 365	»	Par plus/ comptes	57	231	45
	27	7	3 000	»	Par Établissement.	58	29	»
					Bal. des cap. . . 22 905 35	61	232	85
			22 959	30	Solde.			
							1407	10
			214 978	95				
Mai. . . .	6	9	22 959	30	Soldé par Caisse.			

PERTES. 10 AVOIR.

18. .					
Mars.	25	Par B, de Lyon.	2	970	»
	26	Par Caisse.	2	535	50
	31	Par plus. c^tes^.	2	11 306	65
				12 812	15
		Solde ancien.		6 312	15
Avril.	10	Par B, de Lyon	4	415	»
	16	Par Portefeuille.	5	»	90
	23	Par Effets à payer.	6	516	35
	30	Par plus/ c^tes^	7-8	11 583	95
				18 828	35
		Solde ancien.		7 294	85
Mai.	6	Par Caisse.	9	100 000	»
				107 294	85

DOIT. **EFFETS**

18..					
		Solde à nouveau.........		34 030	»
				34 030	»
Avril.	9	à A, banquier...........		40 000	»
	23	à plus/ ctes.	4	10 000	»
		Solde à nouveau.........	6	73 615	»
				123 615	»
Mai.	6	à Caisse................	9	73 615	»

DOIT. **12** B., de

18.. Mars.	25	à plus/ ctes............	2	85 000	»
Avril.	9	à Effets à payer..........	4	20 000	»
	10	~~à plus/ ctes.~~	~~5~~	~~30 000~~	»
		Solde à nouveau..		15 000	»
				65 000	»
Mai.	6	à Caisse................	9	15 000	»

DOIT. **13** SOIE-

18.. Avril.	1er	à Marchandises	3	20 000	»
	2	à plus/ ctes.	3	50 150	»
	9	à A, banquier	4	43 650	»
	26	à plus/ ctes...............	6-7	45 000	»
	30	à Profits et pertes.	8	6 800	»
				165 600	»
		Solde ancien............		97 400	»

11

A PAYER. AVOIR.

18..					
Mars.	1er	Par Capital..............	1	10 000	»
	25	Par B, de Lyon..........	2	24 030	»
				34 030	»
		Solde ancien............		34 030	»
Avril.	6	Par Factures à payer.....	3	40 000	»
	9	Par B, de Lyon..........	4	20 000	»
	10	Par *id.*	4	29 585	»
				123 615	»
		Solde ancien............		73 615	»

yon. 12 AVOIR.

18..					
Mars.	1er	Par march/.............	1	85 000	»
Avril.	2	Par Soieries............	3	50 000	»
	26	*Id.*	6	15 000	»
				65 000	»
		Solde ancien............		15 000	»

IES. 13 AVOIR.

18..					
Avril.	2	Par plus/ ctes............	3	2 200	»
	15	Par C, de..............	5	9 000	»
	20	Par Caisse..............	5	35 000	»
	21	Par H, de..............	6	6 000	»
	22	Par plus/ ctes............	6	3 000	»
	26	Par *id.*	6-7	13 000	»
		Solde à nouveau.........		97 400	»
				165 600	»
Mai.	6	Par plus/ ctes............	9	97 400	»

DOIT. IMMEU-

18.. Avril.	1er	à Marchandises	3	50 000	»
	26	à Caisse..................	7	200	»
	30	à Profits et pertes........	8	800	»
				51 000	»
		Solde à nouveau.........		50 000	»

DOIT. **15** RÉ-

18..		Solde à nouveau.........		6 000	»
Mai.	6	à Capital................	9	6 000	»

DOIT. **16** REN-

18.. Avril.	1er	à Marchandises..........	3	50 000	»
	30	à Profits et pertes........	8	2 000	»
				52 000	»

DOIT. **17** FRAIS

18.. Avril.	7	à Caisse..................	4	50	»
	26	*id.*	7	1 500	»
	30	à plus/ ctes	7	3 133	35
				4 683	35

DOIT. **18** H,

18.. Avril.	21	à plus/ ctes.............	6	10 000	»
				10 000	»
		Solde ancien.............		3 000	»

14

BLE. AVOIR.

18.. Avril.	8	Par Caisse..............	4	1 000	»
		Solde à nouveau.........		50 000	»
				51 000	»
Mai.	6	Par Capital.............	9	50 000	»

SERVÉ. **15** AVOIR.

18..	1er	Par Profits et pertes.....	4	6 000	»
Avril.		Solde ancien		6 000	»

TES. **16** AVOIR

18.. Avril.	4	Par A., banquier..........	3	52 000	»
				52 000	»

GÉNÉRAUX. **17** AVOIR

18.. Avril.	30	Par rofits et pertes......	8	4 683	35
				4 683	35

de..... **18** AVOIR.

18.. Avril.	21	Par Portefeuille..........	6	7 000	»
		Solde à nouveau..........		3 000	»
				10 000	»
Mai.	6	Par Caisse...............	9	3 000	»

DOIT. CONTEN-

18.. Avril.	20	à plus/ cᵗᵉˢ	5	508	50
		Solde à nouveau.........		508	50

DOIT. **20** CONTRI-

18.. Avril.	7	à A, banquier.	4	1 200	»
				1 200	»
		Solde ancien............		800	»

DOIT. **21** LOYERS.

18.. Avril.	30	à Divers, mois non échus..	7	3 333	30
		Solde ancien		3 333	30

DOIT. **22** FACTURES

18.. Avril.	6	à Effets à payer..........	3	40 000	»
		Solde à nouveau.........		300	»
				40 300	»
Mai.	6	à Caisse.................		300	»

19

TIEUX. AVOIR.

18..					
		Solde ancien		508	50
Mai.	6	Par Caisse..	9	508	50

BUTIONS. **20** AVOIR.

18..					
Avril.	30	Par Frais génér/.........		400	»
		Solde à nouveau.	7	800	
				1 200	
Mai.	6	Par Profits et pertes......	9	800	

LOYERS. **21** AVOIR.

18..					
		Solde à nouveau.........		3 333	30
Mai.	6	Par Profits et pertes.....	9	3 333	30

A PAYER. **22** AVOIR.

18..					
Avril.	3	Par Marchandises.........	3	40 000	»
	30	Par Frais généraux	7	300	»
				40 300	»
		Solde ancien...........	9	300	»

RÉPERTOIRE DU GRAND-LIVRE.

M

N O P

Q R

S

T U V X Y Z

TABLE DES MATIÈRES.

FIN DE LA TABLE DES MATIÈRES.

9363. — Imprimerie générale de Ch. Lahure, rue de Fleurus, 9, à Paris.

www.ingramcontent.com/pod-product-compliance
Ingram Content Group UK Ltd.
Pitfield, Milton Keynes, MK11 3LW, UK
UKHW031916260826
14628UKWH00003B/1238

9 782329 408774